2030年の広告ビジネス

ADVERTISING BUSINESS

デジタル化の次に来るビジネスモデルの大転換

横山隆治
横山隆治事務所（シックス・サイト）代表取締役

榮枝洋文
BICPニューヨーク代表

MarkeZine BOOKS

SE SHOEISHA

本書内容に関するお問い合わせについて

このたびは翔泳社の書籍をお買い上げいただき、誠にありがとうございます。弊社では、読者の皆様からのお問い合わせに適切に対応させていただくため、以下のガイドラインへのご協力をお願い致しております。下記項目をお読みいただき、手順に従ってお問い合わせください。

●ご質問される前に

弊社Webサイトの「正誤表」をご参照ください。これまでに判明した正誤や追加情報を掲載しています。

正誤表　https://www.shoeisha.co.jp/book/errata/

●ご質問方法

弊社Webサイトの「刊行物Q&A」をご利用ください。

刊行物Q&A　https://www.shoeisha.co.jp/book/qa/

インターネットをご利用でない場合は、FAXまたは郵便にて、下記"翔泳社愛読者サービスセンター"までお問い合わせください。
電話でのご質問は、お受けしておりません。

●回答について

回答は、ご質問いただいた手段によってご返事申し上げます。ご質問の内容によっては、回答に数日ないしはそれ以上の期間を要する場合があります。

●ご質問に際してのご注意

本書の対象を越えるもの、記述個所を特定されないもの、また読者固有の環境に起因するご質問等にはお答えできませんので、予めご了承ください。

●郵便物送付先およびFAX番号

送付先住所　〒160-0006　東京都新宿区舟町5
FAX番号　03-5362-3818
宛先　（株）翔泳社 愛読者サービスセンター

※本書に記載されたURL等は予告なく変更される場合があります。
※本書の出版にあたっては正確な記述につとめましたが、著者や出版社などのいずれも、本書の内容に対してなんらかの保証をするものではなく、内容やサンプルに基づくいかなる運用結果に関してもいっさいの責任を負いません。
※本書に記載された内容はすべて筆者の個人的な見解に基づいたものであり、特定の機関、組織、グループの意見を反映したものではありません。また、本書に掲載されている情報の利用によっていかなる損害が発生したとしても、著者並びに出版社は責任を負いません。
※本書の内容は、2023年3月15日現在の情報に基づいています。

はじめに

広告ビジネスには頑強なビジネスモデルがありました。過去形で表現せざるを得ないのは、**急激にそのビジネスモデルが壊れつつあるから**です。広告ビジネスは新聞の広告枠をセールスするところから始まり、広告枠を買ってもらうために付帯サービスとして広告文（コピー）を書くことにしました。コピーライターの給与はコピー代では回収できませんでしたが、新聞の広告枠を販売することで得られるマージンで元は取れました。同様に雑誌もラジオも、そして一番の収入源であったテレビＣＭ枠の販売に至って、その扱い高と代理店マージンが広告ビジネスを繁栄させました。広告人として育ててもらった筆者も、このビジネスモデルを作った業界の諸先輩方に敬意を表するものです。

最初は広告文を書くだけで済んだ付帯サービスはどんどん膨らみ、ＣＭクリエイティブやマーケティング戦略プランニング、セールスプロモーション、ＰＲ、ウェブ、ＳＮＳ……と留まるところをしりません。

そして行き着いた先に、**テレビCM枠のマージンだけではこれらのフルサービスのコストをしっかり利益が出るほど回収できなくなりました。**また、テレビが万能の広告メディアでなくなったことと、テレビにとって代わるデジタルメディアが人的コストも含め、扱うのに大変負担のかかるメディアになったことで、**フルサービスもメディア扱いで回収するというモデルは瀕死の状態**なのです。

もうひとつデジタル領域のサービスは広がりがあるのと同時に、１つひとつの専門性が高く、**すべてをこなす「総合代理店」という存在は架空のものとなりました。**総合代理店といっても、その実態は傘下に専門会社を抱えて共同でデジタル作業をこなしています。デジタル専門会社は若い人財で固めることで比較的人件費を抑えてやってきましたが、貴重なスキルだけに今後はどんどんコストが上がります。デジタルスキルがない総合代理店営業などを介しているとコストが見合わなくなるでしょう。

このようにデジタル化は従来の広告代理店にとって大変な負荷を負うことになります。しかも必死にそれに対応しても、代理店の本来のビジネスモデルは壊れてしまいつつあるのです。

本書では、**「デジタル化の次に来るビジネスモデルの大転換」**として、デジタル化に対応できたとしてもどんどん儲からないビジネスになっていく広告代理業が、**ビジネスモデルをどう転換せざるを得ないか、そのためには第一ステップとして現業をどう再構築するべきか**に言及していきたいと思います。

　さて、本書執筆時の２０２３年は、２０３０年に向けての大きな変化が始まる年になると思います。まず、今まで堅調に成長してきたデジタル広告も頭打ちになります。マスメディアやプロモーションメディアが減る分をネット広告やデジタル広告がとって代わることで、プラマイゼロだった広告メディア市場が全体でも減少するかもしれません。

　テレビは、各局「持ちＧＲＰ」、つまり在庫がないので、すぐに満稿になってしまいます。デジタル動画と競合するので簡単には単価も上げられず、売り切っているのに売上が減るというにっちもさっちもいかない状況になります。

　このような事態に対し、本来テレビ局は従来のテレビの効果（トップファネル効果）にかかわらず、**ミドルファネルでどうテレビを機能させるか**を追求する必要があります。しかし、いまだにテレビは常に主であるという発想から逃れられず、デジタル主、テレビ従という関係を受け入れられません。このデジタルメディアも頭打ちになる現象は、メディアで元を取るビジネスに決定的なインパクトを与えるでしょう。元を取るべきメディア扱いもが運用型になってフルカスタマイズになった上に市場全体が減ることは、まさにビジネスモデルの根幹が崩れたということです。

　それを促しているメガトレンドが広告ビジネスに波及したともいえます。コミュニケーションの主導権が「送り手」から「受け手」に移ったように、マーケティングでも「売り手」から「買い手」に主導権が移りました。**そして広告も「売り手」から「買い手」に主導権が移ったのです。**まさに「売り手」主導の典型だったテレビ広告が主導権を「買い手」に明け渡すことになったのです。これも「売り手市場」にあぐらをかいてきたツケが回ってきたのです。

ですから広告代理店も旧来のメディアレップ（メディアの代理）をやっていたら、まったく成長しません。同じようなビジネスを継続しようとすれば、クライアントレップになるしかありません。しかし、今のやり方で本当のクライアントレップになるとまったく儲からなくなります。アクセンチュアのように単価の高い人財をクライアントに送り込んでくるビジネスに太刀打ちできません。どんどん良い人財を獲得できなくなります。人財がすべてですから、そうなったら復調も次のビジネスモデル獲得もかなわないでしょう。そして何よりもコンサル系との競合が進み、広告業界というくくりに意味がなくなります。**広告業界という「業界」がなくなるのです。**

こうしたことが２０２３年に業界内外に認識されると思われます。

さあ、どうする。どうする代理店！

２０２３年４月　横山 隆治・榮枝 洋文

CONTENTS

2030年の広告ビジネス　デジタル化の次に来るビジネスモデルの大転換◉もくじ

第1章

この10年の変化とコロナ禍による前倒し現象

第3章

データ利活用の常識が逆転して非常識に

第4章

マーケティングはどう変わるか？

第5章

「広告（会社）」「マーケティング」という呼称定義が常に拡張している

第7章

激変する業界地図

第8章

広告代理店のビジネスモデルの激変

本書でのドル円換算は、2022～23年頃の事例は1ドル＝130円で換算し、それ以前は当時のレートを採用した概算値を採用しています。

Introduction

２０３０年まで続くトレンド

2023年がその後も続く元年となる7つの事象

筆者は「業界人間ベム」というブログを2008年から公開していますが、12年からは年初に「広告マーケティング業界予想」を投稿しています。

本書執筆時の2023年も例年通り「広告マーケティング業界予測」を書いてみました。今回は2023年だけではなく、その後2030年まで続くトレンドの元年になると思われる事象を7つ予測しました。

① 「マーケティング支援」から「事業支援」へ
② 「日本ローカルのデジタル化」対「グローバルデジタル」
③ 広告クリエイティブのAI化が本格始動
④ エージェンシーとSIerの連携協業が始動
⑤ SNS起点のコミュニケーションプランニングはCMクリエイティブにまで到達

⑥マーケティングコンサル対ITコンサルの攻防激化
⑦ユーチューバービジネスの終焉とコンテンツの見直し～テレビ番組の凋落も続く～

本書の初めにこれらを解説して、第1章以降につなげたいと思います。

「マーケティング支援」から「事業支援」へ

まずは、①について解説します。これは多くの広告代理店からすれば、これまでの本業である「広告」から「マーケティング支援」へ転換することさえも、まだまだ道半ばの段階です。しかし、先行するエージェンシーの中には、既に「マーケティング支援」の次の段階である「事業支援」がフォーカスに入っているところもあるでしょう。「広告」はもちろん「マーケティング」の一部です。「広告」で解決できることが圧倒的に少なくなった現在、「広告」以外のマーケティング施策が求められるようになりました。その間、企業のマーケティングメディアは、ペイドメディア、オウンドメディア、アーンドメディアと広がりを見せました。

また、ファーストパーティ・データをベースにCDP（カスタマー・データ・プラットフォーム）を構築するなど、データ基盤がマーケティングには必須になりました。マーケティング施策は広がり、一方でその一部である「広告」は小さくなっています。

そして、そのマーケティング領域の広がりさえも、**マーケティング領域だけで思考していては限界がある**のです。エージェンシーは外部ネットワークであることから、またクリエイティブ発想でビジネスデザインができることから、事業支援にまでその領域を拡張しなければなりません。そうしないとマーケティング支援も機能しないといってもいいかもしれません。

日本では「マーケティング」という言葉の意味がしっかりと定義されていません。企業ごとにまちまちだと思われます。実際のところ多くの企業が「広告・販促」のことを「マーケティング」としています。ＣＭＯ（最高マーケティング責任者）を設置している会社も多くはありません。ですから、日本ではまだまだマーケティング支援あるいはマーケティングコンサルといわれても何をするのかイメージできない人が多いでしょう。

そうした日本の事情もあり、マーケティング支援産業を確立するには事業支援までを包括していかないといけないのです。

日本では情報システム部が基幹システムなどを構築する際はその額が大きいこともあって、経営トップもかなりコミットしますが、マーケティングや広告宣伝に対してはトップが多くの時間を割いているようには思えません。せいぜい「CMがいいの悪いの」と口出しする程度です。

マーケティング市場における「広告」市場は縮小する、かつ日本では特に事業（ビジネス）支援として、事業部や経営トップと並走しないと、実質的なマーケティング支援ができない。これが①「マーケティング支援」から「事業支援」への本質です。

こうしたことが明確に広告代理店業界で意識されるのが2023年であり、その後2030年までにこれを実現できるかの攻防が続きます。

最近は電通とアクセンチュアが競合する話をよく聞きます。これはその予兆ではありますが、ここでいっている「事業支援」とはコンサル系がやってきたこととは少し異なります。ITコンサルとは特に違います。ITコンサルは情報システムに入ってデータの入り口からアプローチしますが、これでビジネスが成功した例はほとんどありません。ビジネスの現場、つまり**「出口」から設計するのが「事業支援」であり、いわゆる「エグゼキューション」を伴います**。エージェンシーがひとつ優位な立場にあるのは、メディアバイイングを含め、マーケティング施策の実施・実行を行ってきている経験があることです。

つまり「支援」とは、**「コンサル」⇓「プランニング」⇓「エグゼキューション」⇓「コンサル」のループ**を意味します。これを回していかないと実質的な事業支援にもマーケテ

■ループを回せることが重要

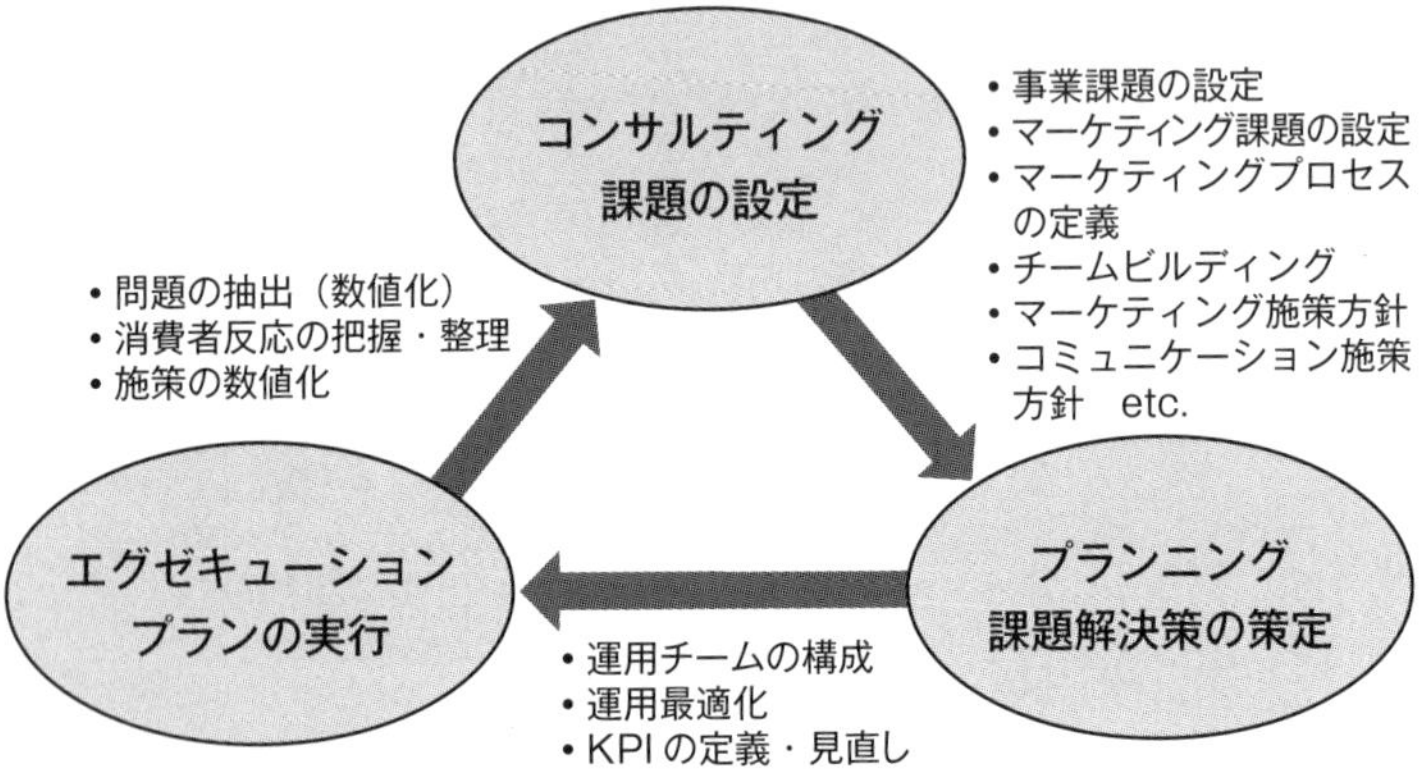

イング支援にもなりません。電通の対アクセンチュアにおける優位は広告メディア出稿なども含めエグゼキューションにあります。アクセンチュアもウェブ制作から始まり、昨今ではクリエイティブファームをグループ内に持ち、ＣＭ制作にまで乗り出してきました。しかし、特に日本では、広告領域に機能拡張するのは容易ではありません。特に広告媒体を扱うことは難しいでしょう。

上図のように「コンサル」⇒「プランニング」⇒「エグゼキューション」⇒「コンサル」のループを回せる支援会社こそが生き残るのです。

「日本ローカルのデジタル化」対「グローバルデジタル」

②は「日本ローカルのデジタル化」対「グローバルデジタル」としました。

2014年に上梓した『広告ビジネス次の10年』（翔泳社）の中で筆者は、「デジタル化とグローバル化はコインの裏表」と表現しました。しかし、ここ10年で起きた日本のデジタル化は日本オリジナルの非常にローカルなデジタル化でした。

ただそれが、本当のデジタル化なのか、または足腰の強いデジタル化なのかは疑問です。

ここ何年か、筆者は日本で本当のデジタル化ができているのは、一部のB2B企業だけだと思っています。B2Bの優良企業の大半は、日本市場よりはるかに海外市場での売上があります。したがって海外法人のデジタル化が先に進み、MA（マーケティングオートメーション）などのツール活用も子会社である海外法人から本社が取り込んでいる場合があります。こうしたB2B企業は元がグローバルなため、グローバル主導でデジタル化が進みました。

一方多くのB2C企業は、日本市場で日本の消費者、日本の商習慣の中でDXという掛け声にあおられて、施策のデジタル化やデジタルツールの導入がDXだと勘違いしています。

この日本ローカルのデジタル化は、そのうちツケが回ってきます。それは本質をはき違えたDXだからです。本質とは**デジタル思考ができる人財の育成**です。そして、**そうした人財によるプロセスのデジタル化**です。アウトプットがアナログでもプロセスがデジタル思考であれば、これは立派なDXです、逆に施策がいかにデジタル（たとえばアプリ作成やデータプラットフォームの構築）でも、旧来のアナログ思考のままのプロセスであれば、これはDXとはいえません。以前、大手出版社がウェブマガジンに積極的に取り組んでいるという話がありましたが、ウェブマガジンの広告素材の入稿期限は紙と同じ40日前でした。紙の文化をそのまま移行してウェブマガジンを作ったところで、実態はデジタルではないのです。

もうひとつ日本ローカルのデジタル化には**旧来人財とデジタル系人財が二分化してしまっている**問題があります。いくらデジタル系人財を強化しても、ビジネスの現場に融合できずにいるケースがほとんどです。本質的にはビジネスの現場がデジタル思考ができることなのですが、要は一人の頭脳の中で「右脳インプットから左脳アウトプットに」、逆に「左脳インプットから右脳アウトプットへ」と縦横無尽に情報を行き交わすことができる人財を作らなければなりません。

グローバルデジタルは既にこうした能力を前提にしています。経営トップがデジタルを当然のように使いこなす世代ということもあるかもしれません。また、多くのグローバルなデジタルツールが膨大な情報をもとに最適なビジネスフローを、1つの思想にまで高めています。ところが、日本では古臭く不完全なビジネスフローは変えず、ツールを直そうとします。グルーバルに通用してきたSFA（営業支援システム）やMAツールを日本では自社のビジネスフローに合わせようとカスタマイズしようとしますが、これは逆で**ツールにビジネスフローを合わせたほうが良い**のです。仕事の仕方は従来のままでツールだけを導入する日本型もいずれ破綻する危険があります。

そして2030年までに日本企業のデジタル化は、グローバルなデジタル化ができている企業と日本ローカルモデルのデジタル化とで優劣が明確になってくるでしょう。日本の企業文化に合ったデジタルツールもあるはずですが、日本のスタートアップにこれを開発できるパワーがあるかは微妙なところです。

DXを完遂したと宣言しても、本質ができていなくて「化けの皮が剥がれる企業」が続出するでしょう。マーケティング支援から事業支援へとチャレンジしなければならない広告代理店もこの状況下に放り込まれます。もちろん紺屋《こうや》の白袴《しろばかま》では依頼されるわけもないですし、似非《えせ》DXを主導してきたDXコンサルやITコンサルは責任を取らされるはめになるでしょう。

さらに広告業界に特化した視点でいうと、再度外資エージェンシーが襲来します。既にADKと縁を切ったWPPが日本市場への再挑戦を宣言しています。彼らの日本市場再挑戦はかつてのそれと何か違うでしょうか。

アナログ広告時代との違いでいうと、アナログ時代には通用しなかったメディアバイイングが**デジタルではグローバル基準でできてしまう**ことです。彼らは基本グローバルクライアントの日本展開を担ってきます。ここではデジタルとグローバルの表裏一体が機能します。そして日本でもデジタルメディアの雄はグーグルであり、メタ（フェイスブック）です。バイイングに苦労することはありません。

外資クライアントはＤＸが既に完了しているわけですから、プランニングとエグゼキューションにおいて外資系エージェンシーは、そのクライアントのグローバルでのデジタルスタンダードを遂行するだけです。アナログ広告時代と様相が異なっています。

人財も日本の大手エージェンシーから流出するでしょう。実際グーグルにはかなり電博からの転出組がいます。

ＷＰＰのクライアントにおけるデジタル戦略は欧米では１周遅れくらいですが、日本ではそれでちょうどいいのです。

もしかすると、日本ローカルのＤＸの問題に気づいたＢ２Ｃクライアントがグローバルデジタルの強さを求めて外資エージェンシーに依頼する局面も出てくるかもしれません。迎え撃つ日本のエージェンシーはどこまで対抗できるでしょうか。

広告クリエイティブのAI化が本格始動

次は、③広告クリエイティブのAI化が本格始動です。

筆者は、広告業界が一番早く本格的なAIを導入するのではと以前は考えていました。AIとまではいかなくても、RPA（ロボティクス・プロセス・オートメーション）や、機械学習レベルのものは導入されると予測していました。それはデジタルの運用型広告が拡大し、オペレーション人材に窮したからです。若い比較的人件費の安い人財で何とか回してきましたが、さすがに限界を迎えると考えていました。しかし、この分野での自動化は、有力なプラットフォーマーが独自の自動入札ツールを提供するに至り、すべてのプラットフォームを横断する自動化ツールを不可能にしてしまいました。したがって、運用の自動化の発展形であるRPAや機械学習型もできないままです。その間オペレーションに人的作業が不可欠な広告運用にはオフショア拠点を作って対応するなど涙ぐましい努力がなされています。

もともとAIが得意な分野は、膨大な情報を学習することで、人間の知的な作業を超えてくるものと考えていました。いわく、弁護士や税理士はAIに取って代わるとかです。

一方芸術の分野はまだまだ人間でしかできないということでした。

ところが、**広告ではいきなりクリエイティブの領域でＡＩが本格始動する**と思われます。これに関しては本書の中で詳しく解説しますが、まずはノンバーバルな領域、つまりビジュアルや画像からＡＩが本領を発揮して、広告クリエイティブを変えてしまう元年こそが２０２３年です。

広告クリエイティブの現場では、案出しは「質より量」です。「明日までに１００案考えてこい」というのは、まずはホワイトボードに広げられるだけ多くの案を「漏れなくダブりなく」書き出すところから始まります。

そこから収斂《しゅうれん》させていくのですが、まずは大量の案を抽出するところにＡＩが登場するでしょう。今の段階では最終的に選ぶのは人間ですが、膨大に案出できるＡＩは広告クリエイティブのプロセスを変えるでしょう。

エージェンシーとSIerの連携協業が始動

もともと広告代理店もＩＴコンサルも似たようなビジネスモデルでした。つまり広告代理店はクリエイティブプランなどを提供しつつメディア扱いで元を取る、ＩＴコンサルは業務改善コンサルなどを提供しつつシステム導入で元を取るモデルだからです。

しかし広告代理店は「広告」メディア扱いで回収することが難しくなってきました。おそらく「マーケティング支援市場」は伸びるでしょうが、「広告」特に「広告メディア」市場は頭打ちになるでしょう。エージェンシーは何で回収するかを「広告メディア」以外でも考えないといけなくなりました。

そこで筆者が予測するのは、**エージェンシーとシステムインテグレータ（SIer）との協業**です。コミュニケーション領域を含むマーケティング提案をシステム導入で回収するのです。これが成立するのはエージェンシーとSIerのカルチャーの違い、または各人財のキャラクターの違いが補完し合うからです。

SIerは情報システム部に出入りして、企業の基幹システムを担い、さまざまな要望に対応します。その成り立ちからして、基本「受け身」です。ただ「真面目」で「逃げない」のが取りえです。しかし、昨今は情報システム部などのバックエンドだけでなく、営業部やマーケティング部などフロントエンドにツールやデータ活用を売りたいように思えます。けれども、SIerはその育ちからして、もちろんマーケティング提案などはできません。そのため、その分野を得意とするエージェンシーの力に頼る必要があります。したがって、エージェンシーとSIerは協業あるいは業務提携によって、お互いWin-Winの関係になる可能性が高いのです。
2023年は、ここから始まる協業トレンドの元年になるでしょう。

SNS起点のコミュニケーションプランニングはCMクリエイティブにまで到達

コミュニケーションが送り手から受け手にその主導権が移行していることは、読者の皆さんも日々感じているところだと思います。そこにきて、SNSの発展で、この傾向はさらにドライブしたといえます。

コマーシャルメッセージが効かなくなったのは、さも「売らんかな」のブランド側発信の情報より信頼できる情報がSNSにあるからです。消費者は同じ立場で評価してくれる消費者情報が何よりのブランド選択の「よすが」になっているので、従来の送り手主導のメッセージ開発は機能しづらくなっています。企業はこのことを肝に銘じていかないといけません。

昔は「広告はラブレター」などということがいわれました。しかし、今や好きでもない人からのラブレターはウザいだけで、聞いてももらえません。USP（ユニーク・セリング・プロポジション）という概念も、売る側の論理であり、「買う理由」にはなりません。

売る側が設定する消費者のベネフィットも確かにベネフィットでしょうが、企業から「これベネフィットでしょう?」と言われると素直に聞き入れられないのがSNS時代です。いったんSNS上の消費者のフィルターを通して、初めて選択の対象になります。ですから**ブランドメッセージこそ、そのブランドに一定の共感を持つ消費者に求める**必要があります。

つまり、コミュニケーションプランニングは、SNSから得られる情報によってコアアイデアやキーメッセージを作り込み、それを起点として全体像を描くようになると考えます。

この際、テレビCMまでもSNS起点のキーメッセージをもとに作られるでしょう。SNSに強いエージェンシーがクリエイティブ開発においてアドバンテージを得ることと思います。これについては第4章で詳しく解説しようと思います。

マーケティングコンサル対ITコンサルの攻防激化

日本ではマーケティングコンサルというビジネスはまだ日の浅いビジネスだといえます。前述のように、日本企業の多くは「マーケティング」をしっかり定義できていないため、マーケティング組織のあり様《よう》や分掌も曖昧です。企業経営者にとってマーケティングコンサルといっても何を依頼するのかわからない状況でしょう。

一方、ＩＴコンサルは確立したビジネスです。システム導入という儲け口がはっきりしており、かつその運用に人を出すビジネスも漏れなく付いてきます。昨今は人財不足からフィーも高騰しています。需要が絶えないビジネスです。

ただ、企業ニーズはバックエンドのＩＴ化から、フロントでのマーケティング領域のデジタル化にシフトしてきています。

もちろん従来ＩＴコンサルで食っている企業もその流れに着いていこうとします。ただ前述のように、ブランドの売上利益に貢献するため、消費者に向かい合うことはそう簡単ではありません。情報システム部にはマーケティングはわかりません。情シスとしか会話していないＩＴ業者はなおのことです。企業内でもまったく文化や言語が違う「営業・マーケ・宣伝」と「情報システム部」、ここは従来のＩＴコンサルにも大きな壁となります。「エージェンシーとSIerの連携協業が始動」で言及したように、企業のフロントとの会話、提案、実行はエージェンシーのほうが実際得意です。同様に広告メディアバイイングが儲け口でなくなってくるエージェンシーがシステム導入にもSIerと組んで進出してくるでしょう。

そうなると、マーケティングコンサルとは何なのかが見えてきます。企業経営者にとっては従来のＩＴコンサルは「経費」でしたが、**マーケティングコンサルはうまくすれば儲かる「投資」**に見えてきます。そこが重要です。実際何をやるかが理解できなくても、儲かる、ＰＬに反映させる手段と認識されると市場ができます。おそらく電通は電通デジタルをフロントに出して、このビジネスを発展させたいはずですし、既に実行しています。そしてこの領域では電通の競合は博報堂以下のエージェンシーではありません。アクセンチュアであり、ＩＴコンサルからクライアント企業内で前方シフトしようとするプレイヤーです。

そこにＩＴコンサルを起点にしたマーケティングコンサルと、広告エージェンシーを起点にしたマーケティングコンサルが激突して、この領域を大きくしていきます。当面は電通対アクセンチュアの戦いが目立つでしょう。しかし、博報堂グループや外資系エージェンシーも動きを見せるでしょうし、人財の流動性はこの中で非常に高まります。

ユーチューバービジネスの終焉とコンテンツの見直し～テレビ番組の凋落も続く～

筆者はコネクテッドＴＶに関しては独自に狭義の定義をしています。つまり、**大画面で**

の視聴であってもそれはクオリティの高いプロの制作コンテンツであることです。広告を挿入することを前提にすると、視聴さえあればどんなコンテンツでも良いわけにはいかないからです。

今後チューナーを内蔵しないオンライン専用TVセットなども普及し、コネクテッドTVは急激に拡大すると思います。アベマTVのワールドカップ全試合配信はエポックメイキングな出来事として後から語られるでしょう。

そして子どもの将来なりたい職業1位にまでなったユーチューバーですが、コロナ以前に既に彼らの視聴回数はピークアウトしています。テレビ出演機会がなくなったテレビタレントが一気にユーチューブに参入したこともあるでしょうが、そもそも続くわけがないのです。何年も面白いコンテンツを供給し続ける個人や少数チームはほとんどいないのです。はっきりいってユーチューバービジネスは終焉します。

そしてユーチューブを重要な広告露出先と考える大手広告主が増えるほど、そのコンテンツの質と広告の挿入方法に疑問を持つようになるでしょう。ユーチューブのコンテンツは玉石混交です。ユーチューブでなければ得られない情報もあります。一方、視聴回数稼ぎだけを目的としたものも多く、ユーザーの取捨選択は進み、落ち着きを見せることになります。

同時にテレビ番組はずいぶん前から負のスパイラルに落ち込んでいます。視聴率が落ち、収入の基本である持ちGRPが落ちることで制作予算が減り、コンテンツが面白くなくなり、また視聴率が落ちています。

テレビ番組が面白くなくなって久しく、素人が面白かった時代もまた終焉しつつあります。これを埋めるものは何でしょうか。基本プロが制作する一定以上のクオリティが担保されなければならないでしょう。そのためには、もちろん制作予算が必要です。

ひとつは、**収入モデルが広告だけではないもの**です。配信であるが故に放送法やBPOの呪縛から逃れて、また双方向であるが故の、通販より範囲の広いお金のやりとりを含む収入モデルがこれに当たります。もちろんそのコンテンツ配信で稼いで、別のコンテンツ作りにお金を使うことになるでしょう。

一方、ネットフリックスも広告入りの廉価版を始めました。今のところこれに移行する人は少なく、料金の再設定がされると思います。

いったん広告なしが売りだったネットフリックスが広告が入るものにするのは、そもそも広告入りのユーチューブに料金を払って広告なしのユーチューブプレミアムに移行する真逆にあるわけです。ネットフリックスとしては巨額の制作費を投じていますから、広告が入るからタダというわけにはいきません。あまり広告付きに移行していないのはネットフリックスの経営にとっては幸いなはずです。

ただネットフリックスのような良質なコンテンツに多少広告が入ることに私たちは慣れています。民放が長年培った視聴形態です。ＣＭ挿入時間が少なければ、やたらとＣＭの多いアメリカでは見直されるかもしれません。

日本でも最初はクオリティの高いＣＭ素材に絞って優先し、挿入タイミングを間違わなければなじんでいくでしょう。ＣＭ機会としても最もプレミアムな枠となる可能性はあります。筆者もまだ視聴量は計算していませんが、まずは量より質のＣＭ枠としてスタートするはずです。

そしてテレビ番組の視聴率はまだまだ落ちるでしょう。視聴率を支えているのは高齢者です。筆者はテレビＣＭの到達量を表示回数（インプレッション数）で計算していますが、10歳以上のＣＭ到達量の約45％が60歳以上の男女に当たっています。この世代の人口はまだ増えますが、既に団塊の世代が後期高齢者に突入しましたから、遠くない将来減少に転じます。

一方、ＣＭ到達量の55％を占める10～59歳の人口は、２０２２年に9歳の子どもは１０3万人ですから、この人口が10～59歳に参入しても、59歳１５２万人が卒業するので、約50万人減ります。これはまだ10～59歳の１％未満ですが、団塊ジュニアが60歳になり始めると、CM到達量の55%を占める層の人口が急激に減ることになります。つまり日本の人口減少よりもはるかに速いペースでテレビ視聴者は減少していくのです。

ここまでは、人口つまりテレビを見る可能性のある最大値を母数として見ていますが、問題は**放送によるテレビ番組離れの加速**です。

なおかつテレビ放送はターゲット配信のようなことができません。広く満遍なく当てるのが得意なテレビ放送では、これは筆者のたとえですが「女子高生にリンゴを1個あげようとすると、お母さんに3つ、おばあさんに6つ、計10個のリンゴが必要」なことになります。

配信でターゲティングすれば1個だけあればいいのですが、これはテレビが人口の少ない若年層の視聴率が低く、人口の多い高齢層の視聴率に頼っているが故の現象です。ですから全体で見ると、ほとんどCMが当たらない人と何度も当たる人に二極化するのです。平均広告業界では、テレビスポットの結果をクライアントにレポートするとき、平均フリークエンシーを出しますが、実はこの平均回数で当たっている人は極端に少ないのです。平均と聞くと正規分布していて、そこが一番多いと考えるかもしれませんが、逆に平均が底になるのです。

最近になってようやく、テレビ局がコア視聴率と称して、13〜49歳を購買層とし、ここの個人視聴率を上げようとしていますが、遅過ぎます。人口もテレビ視聴する人も減って母数が減っているのに、いまだ「率」をどうのこうのいっている時点でアウトです。たとえば、この20年で20代男女の人口は3分の2になっています。同じ個人視聴率でも絶対数では3分の2です。これでマーケティング指標になるでしょうか。

「テレビ放送視聴の絶対数低下」と「若年層への到達力がないこと」、そして「ターゲティングができないこと」、この3点でテレビCMの相対的なパワーは落ち続けるでしょう。テレビCMはこれに対してCM枠を減らして、有限な価値を訴求して、単価を上げて維持するしかないでしょう。「質」をアピールする必要があるのです。

テレビ番組やネット動画、コネクテッドTVのコンテンツとCM枠を巡る変遷は2023年をリスタート年として2030年までは外資（ネットフリックス、アマゾンプライム・ビデオ、ディズニープラスなど）の攻勢を受けて激動することと思います。そうした中でテレビ局は放送事業（広告事業）での売上を3分の2まで縮小することになるでしょう。

以上、代表的な事象を7つ挙げました。冒頭で紹介した「業界人間ベム」の2012年からの年初の予想記録を次ページに挙げておきますので参考にしてください。

いずれにしてもキャンペーン＝「仕掛け」を生業《なりわい》にしていた広告人が、ビジネス＝「仕組み」を作る人にならないといけません。果たしてなれるのでしょうか。

■ 業界予想この10年（抜粋）

'12	**「枠」から「人」へ**	**第三者配信**の標準化	**SNS**に対応する広告モデル	
'13	**DMP**が始動する	**動画DSP**が始まる	**オーディエンスデータプランニング**が試される	「どこに頼むか」から**「誰に頼むか」**
'14	**データエクスチェンジ**が試される	**ネイティブ広告**が注目される	**アマゾンデータ**がリアルチャネルを刺激する	**プライベートDSP**が始まる
'15	データプロバイダーによるエージェンシー設立	オンラインビデオの本格化と**日本版MCN**	サードパーティーデータとしての**TV視聴データ**の流通	**ダッシュボード**による即応型運用広告が出現する
'16	デジタル広告でパブリッシャーの連携が始まる	**スマホのロケーションデータ**活用が始まる	マーケティングダッシュボードから**経営ダッシュボード**へ	**広告ブロック**によるネット専業衰退の始まり
'17	**アナログ施策を最適化するDMP**本格始動の年	**テレビCM枠のオンライン入札**の試み始動	**透明性**は広告主／エージェンシー相互関係の構築へ	企業に**CDO設置**が本格化する
'18	**「テレビ×デジタル」**の動的アロケーション	実効性のあるアトリビューションが再興する	**テレビ視聴データ**は売る側から買う側のデータに	**アマゾンエフェクト**による小売り激変が顕在化
'19	デジタル化に向けて教育人財育成への投資本格化	テレビCM枠オンライン取引本格化	**テレビ×デジタル×リアル**アロケーション	**AI**によるブランド横断型デジタル広告買付配信
'20	テレビデジタル統合型のオンラインバイイング	広告主の顧客データ、**ゼロパーティ・データ化**	DXの本質は**「人財育成」**、エージェンシーの役割は	プッシュ型メディアの見直し
'21	**コネクテッドTV**、放送枠とどう組み合わせるのか	**メタバース**でのブランド体験実験急進	広告ビジネスへの**AI本格利用元年**に	企業の**データ保有リスク顕在化**

第1章

この10年の変化とコロナ禍による前倒し現象

「手売りで販売する予約型広告枠」の比率は圧倒的に減少

筆者らは２０１４年に『広告ビジネス次の10年』という書籍を刊行しました。その中では当然ですが、コロナ禍などは予測していませんが、基本的にコロナで起こった社会現象はマクロトレンドを加速したか、ブレーキをかけたかのいずれかです。したがって、**広告業界ではコロナ特有の現象はほとんどない**と思います。

ただ新聞や雑誌の部数や広告費の減少などコロナで加速したこと（交通広告やチラシもそうです）やリモートでの業務は、本来広告主との「擦り合わせ」を対面でやることが神髄と考えていた広告人のマインドを大きく変えたといっていいでしょう。この作業がリモートでもできてしまうことがわかった広告主が、今後これまでのようなべったり貼りつく営業スタイルを良しとすることはなくなるでしょう。これらは長い目で見れば起こるべくして起こることでした。それをコロナが前倒しにしたといえます。

筆者がネット広告のメディアレップ事業を行う会社を立ち上げたのは１９９６年ですが、

この年電通の「日本の広告費」（1997年2月発表）に初めてネット広告費がカウントされました。その額は16億円です。これが2022年にはマス4媒体の合計（2・4兆円）を超え、3・1兆円規模にまで拡大しました（47ページ図参照）。

この間、ネット広告の中を構成するさまざまな形態も入れ替わり立ち替わり変化を繰り返してきました。ただリスティング広告の登場以来、いわゆる**「枠もの」から「運用型」に移り変わり、「運用型」の構成比は一貫して伸びてきました。**「枠もの」というのは予約型広告枠というほうが正確かもしれませんが、広告が掲載される以前に契約され、その掲載額も決まる形式です。広告業界にとっては、このやり方は当たり前のことでしたが、運用型広告では「出来高」払いになるので、掲載が終わってみないと出稿額が確定しません。また運用ですから、日々オペレーターが付きっ切りで対応する必要があります。入稿したら「はい、作業終了」とはいきません。このあたりは従来の広告業界の文化にはなかったものです。新興のネット専業会社がそうした独自の文化に対応し、先行したのは当然です。

そもそもネット文化は、従前のマスメディアのそれとは大きく違いました。まず「完パケ」という概念がないといえます。プロセスも時間軸も変わります。以前ある雑誌社のウェブマガジンの広告素材の入稿が雑誌のそれと同じ40日前だったことがあり、苦笑されたことがありました。そうしたスピード感や、いくらでも修正が利くこと、逆に終わりがないこと（これを筆者は「打ち上げがないキャンペーン」と呼びました）など、感覚や作法の違いは枚挙にいとまがありません。

こうした文化の違いの上に、さらに「運用型」という別世界の広告手法が広告メディアのナンバーワンになってしまったのです（「日本の広告費」ではインターネット広告費の中の「運用型広告費」という区分をやめてしまいましたが、おそらくインターネット広告の中でも運用型だけとってもテレビ広告に匹敵するでしょう）。これがこの十数年間に広告業界に起きた激変でした。つまり、長年当たり前のように行ってきた**「手売り」の比率が大きく落ち込んだ**のです。

広告費全体の推移とその構成比

もう少し広告費全体の推移とその構成比の状況を見てみましょう。２００７年に７兆円に達していた広告費は、リーマンショックによって09年には一気に６兆円を割り込みます。その後11年には東日本大震災で底を打った後、少しずつ回復し、22年には約７・１兆円に成長しています。

では、リーマンショック時の２００８年と２０２２年の媒体別構成比を比べてみましょ

■日本の広告費の市場規模

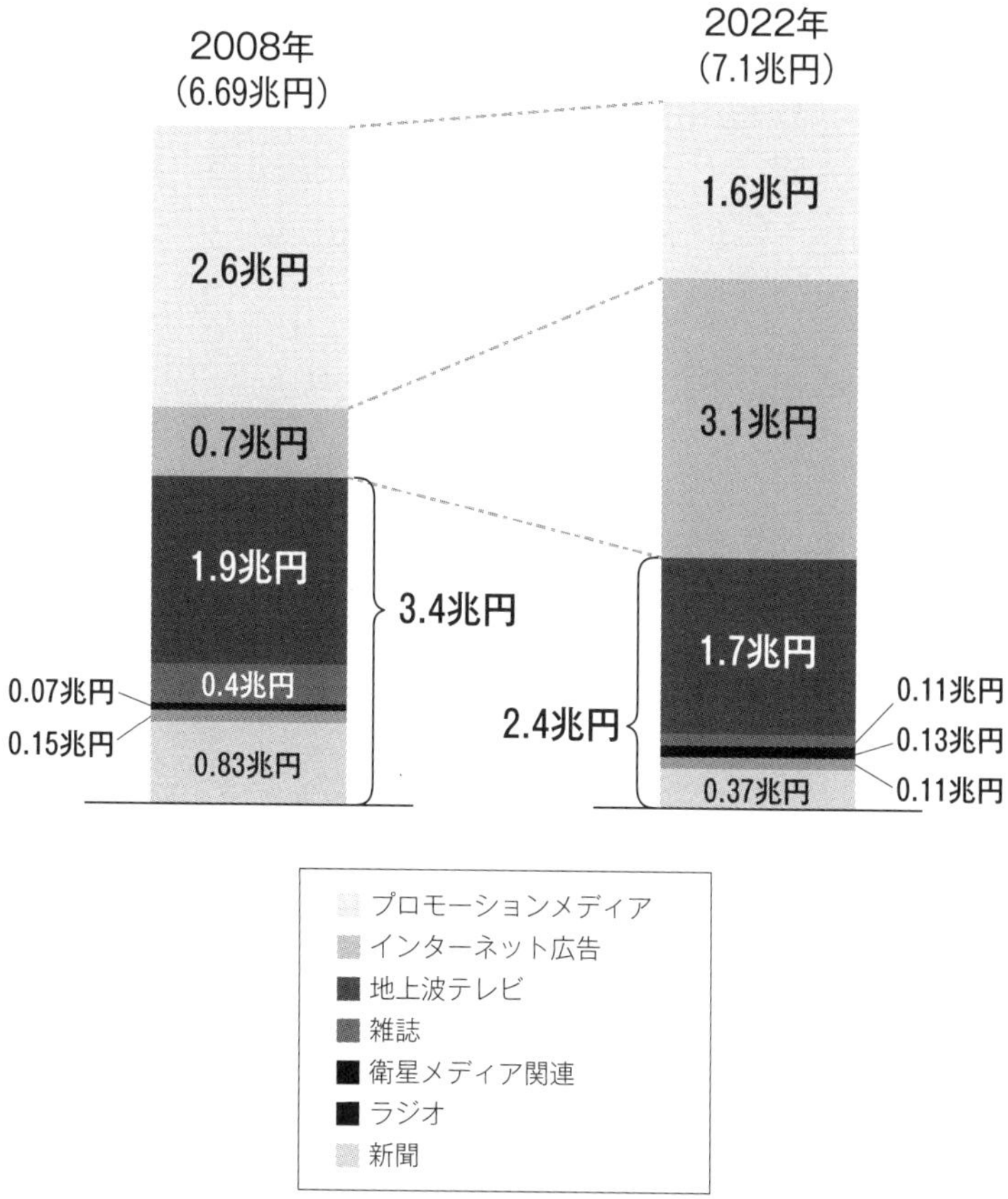

出典：電通発表による「2022年 日本の広告費」および「2008年 日本の広告費」をもとに作成

う。

新聞は8276億円から3697億円（構成比では12・4%から5・2%）に、雑誌は4078億円から1140億円（構成比は6・1%から1・6%）に、ラジオが1549億円から1129億円（構成比で2・3%から1・6%）に、地上波テレビが1兆9092億円から1兆6768億円（構成比は28・5%から23・6%）に、衛星メディアを含んだマス4媒体合計は3兆3671億円から2兆3985億円（構成比は50・3%から33・8%）になっています。また屋外、交通、チラシなどのプロモーションメディアは、2兆7886億円から1兆6124億円（構成比は39・3%から22・7%）に、一方インターネット広告は6983億円から3兆912億円（構成比は10・4%から43・5%）になっています。この間マス4媒体は9010億円減らし、プロモーションメディアは1兆148億円減らしています。そして、その間にインターネット広告が2兆3929億円増えており、ものの見事に既存媒体から2兆円市場がインターネット広告に移行したわけです。

そして、急増したインターネット広告の多くが運用型であるだけでなく、既存媒体も単に「枠売り」から**「プランニング」を売る傾向**が従来にも増して極めて強くなってきました。つまり、「出来合い」のモノを営業担当者が手売りすることから、スタッフにメディアプランニングのプロも控えてクライアントごとにカスタムメイドのプランを売ることが確実に多くなったのです。もちろんカスタムメイドなプランニングは今に始まったことではありません。しかし、プランを構成するいわゆる「広告メニュー」自体から「枠もの」が減ってきたのです。

その理由のひとつとして、**インターネット広告がメディアプランの中核になってきたこと**が挙げられます。裏を返せばそれは、ウェブマーケティングを行う広告主が劇的に増えたことでもあります。広告出稿に対していくらのリターンが得られるかが明確になるこうした広告主は、「枠もの」を定価で買うことはほとんどありません。ＲＯＡＳ（リターン・オン・アド・スペンド：広告の費用対効果）を想定しやすいので、逆に広告枠に指し値ができることになります。もちろん「枠もの」も売れなければディスカウントは可能ですが、いつでも柔軟な価格というわけにもいきません。そもそもブランド力によってその広告の効果が変わるのが「枠もの」です。メディアが広告主のブランド力をギャランティするのは確かにおかしいのですが、そこは「買う側」の力学が働く世界ですから、価格にディスカウント圧力がかかります。「枠もの」を個別に売り歩くスタイル自体がウェブ時代のマーケティングにそぐわなくなりました。

代理店がまず獲得すべき機能は「オーケストレーション」

この変化は広告代理店の営業の役割を大きく変えざるを得ませんでした。デジタル広告を含む、あるいはデジタルを中核にするマーケティング活動をプロデュースするには、多岐にわたる専門性の高い分野を担当しなければなりません。

ここで広告主を直接インターフェイスする営業担当者がただスタッフを連れてくることに広告主がイラついたことは自明の理でした。営業に聞いても毎度「スタッフに確認してきます」では、「スタッフと直接やりとりさせてよ」となります。リスティング広告、動画広告、DSP、SNS広告、インフルエンサーマーケティングから、DMP、CDPなどデータに関わるテック領域まで幅広くかつ深い知識を一人に求めるのは無理があります。しかし、フロントに立って広告主と直接やりとりする営業にとっては、連絡役という機能より、**全体を見渡してのプロデュース、全体最適を目指してコントロールする役割**が求められるようになります。広告主には細かい業務について専門のスタッフと直接連絡を取り合ってもらいます。ただそのスタッフは別の領域に関しては専門外です。部分最適はできても全体を有機的に連携させ機能させることはできません。そこでフロントラインである営業の機能として、**「オーケストレーション」、つまり全体の指揮者としての機能がより求められる**ようになりました。

もちろん従来のマスメディアの時代から営業とはそういうものでした。しかし、マスメディアとセールスプロモーションで成立していた時代とは、比較にならないほどの知識と経験を要するのがデジタル時代のマーケティングです。全体総指揮という機能を特に明確にして「オーケストレーション」と呼ぶのはデジタル時代ならではのことなのです。

既存のアナログメディア領域とデジタル領域を区別する時代は終わりました。デジタルマーケティングなどという特別なマーケティングもありません。マーケティング活動はデジタル化してしまったので、むしろデジタルが中核にあるのは当然です。アウトプットが従来のアナログ型でもその開発プロセスにデジタル思考が必要です。

そんな時代において代理店がまず獲得しなければならない機能が「オーケストレーション」となります。「オーケストレーション」は、マーケティング活動のデジタル化の中で特に定義された機能です。

これは、広告代理店の組織構成やスキル開発に求められる大きな変化のひとつです。しかも非常に高度なスキルです。

ただこうしたスキルは総合広告代理店でしか育成できないスキルなのです。なぜなら、デジタルを中核にマーケティング活動全体を指揮しプロデュースするには、実行を伴うことで知見を育成する必要があるからです。

ＤＸに関しては多くのコンサルティングファームが対応しています。広告代理店とコンサルが競合している状況も増えました。特にマーケティング活動では、デジタル化を推進するにはコンサルやプランニングだけでなく、エグゼキューションを伴わないと実効性のあるコンサルになりえません。「オーケストレーション」のスキルには、ベースに実戦経験が必要なのです。実戦経験から積み上げた知見で全体最適をリードできる人財こそ、広告代理店が育成すべき「オーケストレーター」です。これにはＤＸを概念だけで語ってくるコンサルでは太刀打ちできません。広告代理店の優位性はマーケティング活動におけるすべての分野に関してプランニングとエグゼキューションができることであり、だからこそ地に足の着いた実践的なコンサルができるのです。

プログラマティックやプラットフォーム上での取引は予想通り増大

「プログラマティック」という概念が広告業界に持ち込まれたのは、リーマンショックで一時的に職を失ったアメリカの金融工学のエンジニアたちによってといわれています。非常に高度な技術を持つ金融工学分野のエンジニアにとって、株の買い付けに使われていた自動ビッドの仕組みをネット広告に応用するのは実に簡単なことだったでしょう。ちょうどインターネットも、一度にたった1インプレッションを買い付けるために10回以上のトラフィックを要してもコストが見合うくらいコストパフォーマンスが上がっていました。

広告のプラットフォームであるDSP（デマンド・サイド・プラットフォーム）とSSP（サプライ・サイド・プラットフォーム）がそれぞれ成立してスタートしたのはいかにもアメリカらしいところです。「売り手」と「買い手」の仕組みを別にするというのもフェアな取引を思考する彼らには当然のあり方でした。一方、日本では、「広告主の代理店もあり、メディアの代理でもある」というのが普通に存在しているので、DSPとSSPが別々に存在すると、むしろプレイヤーが多過ぎてマージンがより抜かれると考えられていました。確かにメディアと広告代理店と広告主しかいなければ、介在するプレイヤーは代理店だけなのでマージンはさほどではないのですが、メディアと広告主の間に、代理店、DSP、SSPとなると中間業者が多くなりマージンが多くなるわけです。

広告主側はこれに懸念を持ちましたが、結局プログラマティックな買い手による指し値が基本ですから、メディア側が収入を圧迫されることになりました。**ネット広告においてメディアがそのコンテンツのクオリティを主張して広告掲載料の単価を上げたいと思っても、プログラマティックの広告ネットワーク上では思うようには単価を維持できないばかりかメディアの「取り分」も減りました。**

「出来高払い」の広告発注が主流となった理由

ネット広告のプログラマティック売買は急速に普及しつつも、媒体社の収入源としては厳しいものになりました。紙の時代は、個別にその枠の価値を説明しながら「手売り」していたものが、ネットで多くの掲載面の一部にされると「買い手」の指し値でグロス金額が決まり、取り分もその5割を切ることになります。

一方、買い手から見るとどうでしょうか。特にダイレクトマーケターは広告によるレスポンス1件がいくらなら費用として見合うかという基準値を持っています。そこで1インプレッション当たりいくらなら出せる金額か逆算して、指し値ができるわけです。

一定期間に認知量をどこまで獲得するかなどを目標とするマスマーケターと比べて、ダイレクトマーケターは投下量ではなく期間内の販売量ですから、指し値をして広告出稿をするプログラマティック方式は実にフィットしたのです。指し値で消化できる広告掲載は事前にはわかりません。つまり、「出来高払い」の広告発注が主流となったのは、**こうしたダイレクトマーケターにマッチし、その旺盛な出稿意欲に支えられたから**です。

本来、プログラマティックによるネット広告出稿はDSP事業者が始めたのですが、彼らはメディアから見ると第三者事業者です。掲載面をできるだけ多く確保しないと、受注した「買い付け」を消化できませんから、多くのメディアやSSPと契約して掲載面を確保するスタイルが初期のプログラマティックのスタイルでした。

ところが、有力なプラットフォーマーが、自社の掲載面だけで行うプログラマティック掲載方法を次々に広告市場に出します。巨大な掲載面を自社プラットフォーム内に持つグーグルやヤフーからすると、何も第三者のプログラマティック事業者に掲載面を売ってもらう必要はないのです。次にネットユーザーの利用が急増するＳＮＳプラットフォーマーも、自社内の広告掲載面はすべて自社で売ることになります。そこには最初からプログラマティックで、ＳＮＳならではのターゲティング手法も登場します。

結局プログラマティック型の広告出稿といっても、ほとんど有力プラットフォーマーが独占していくことになります。理屈としてはサードパーティが媒体社の掲載面をネットワークして配信することが理想でしたが、有力プラットフォーマーごとに広告掲載を判断した上でのことになっていきます。

局をまたいで枠の購入ができるＣＭ枠購入方法

この時期から、広告代理店はプラットフォーマーに使われる「売り子」になっていきます。買い手主導の仕組みだったはずの本当のＤＳＰは日本では成立しないままであると思います。

ところで、東京地区のテレビ朝日を除く4局は、ＳＡＳ（スマート・アド・セールス）というＣＭ枠を1本ずつオンライン上で購入できるシステムに参加しています。この仕組みは番組提供、スポットに続く第三のＣＭ枠購入方法です。特徴的なのは、データをもとに1本ずつ買えること、そしてこれが筆者は一番の優位性だと思うのですが、選局をせずに、東京エリア単位で、最もターゲット効率が良い枠1番目から10番目までというように、局をまたいで枠の購入ができることとです。

サードパーティDSPの狙いもまさにそうした媒体社ごとに買うのではなく、**媒体社をまたいで広告主にとって良い枠を選んで買える、しかも指し値ができる**というものでした。

インターネットの世界こそ、すべての広告枠をまたいで最も優れた枠をプログラマティックに買えるもののはずですが、プラットフォーマーの力が強く、こうしたサードパーティに枠は提供されませんでした。一方、旧来のアナログな枠取引慣行だったテレビの世界に局またぎで発注できるシステムができたのは皮肉な話です。

そういうわけで、プログラマティックは各有力プラットフォーマー内で活用されています。もちろん巨大な掲載面も持つプラットフォーマーの価値が落ちているわけではありません。媒体（プラットフォーマー）が強ければ強いほど、やはりそこは「売り手」主導になるのが取引の常道なのでしょう。

ただプログラマティック購入という「運用型」のシェア拡大の勢いはすさまじいものでした。逆にいえば、媒体価値が高い有力プラットフォーマーの掲載面がプログラマティックで購入できたことが大きかったのかもしれません。

産業の変化と主要広告主の入れ替わりに順応してきた広告会社だが……

読者の皆さんもテレビCMには広告主の業種の入れ替わりがあることにはお気づきでしょう。一時は消費者金融の出稿量がすさまじかったですよね。パチンコ台もそうでした。民放連はテレビ広告を規制している業種がたくさんあります。しかし、テレビ広告の景気が悪くなると、従来規制していた業種を解禁することがよくあります。

テレビCMでの業種の盛衰は、まさに広告代理店の扱うクライアントの盛衰でもあります。ここ十数年はやはり携帯電話のキャリアの出稿に助けられています。

時代の流れで有力広告主になる業種およびプレイヤーはどこか。そしてどういう対応や機能を用意することで扱いを獲得できるかは広告代理店にとっては社運を決することとさえあります。広告出稿をたくさん行うであろう業種を前もって予測して、対応しておく点において、電通はさすがというしかありません。

将来有力な広告主となる企業を「育てる」ことが重要

長い目で見ると主要広告主の入れ替わりに順応してきた広告会社ですが、今後については少し状況が変わりそうです。

企業が広告主として大きくなるのを待つ受け身の対応ではなく、**将来有力な広告主となる企業を「育てる」**という発想になるでしょう。これについては第7章で詳しく言及することになりますが、既に欧米の代理店では実際に行われています。

最近、B2BのIT系スタートアップのCMが増えましたが、彼らは資金調達をするとブランドを認知させて、シェア拡大を一気に達成するためにテレビCMを使うことが多いです。しかし広告代理店から見ると、B2B系企業が成長したとしてそのままテレビCMを使い続けるとは考えにくいところがあります。

スタートアップ企業は、マーケティング分野ではまだ脆弱なところがあるので代理店のサポートが必要ですが、マーケティング支援に関してはテレビCMはほんの一部でしかありません。支援してほしいところは**マーケティング施策そのものの立案・実施をしっかりできるか**です。

テレビCMはいびつな到達をしている

今まではテレビ出稿が多く期待できる「自動車」「トイレタリー」「化粧品」「食品・飲料」「通信キャリア」などを戦略クライアント業種としてきたエージェンシーですが、これらはマス広告のメディアバイイングで収益を刈り取れるからでした。今後の広告主戦略は引き続きマス広告を扱う狙いもあるでしょうが、企業として収益アップを目指す広告主がマス広告を使うとは限りません。ただ形はどうあれ、マーケティングへの投資は行うはずです。そのため、**収益を上げ、次の時代の花形になる業種はどういうマーケティング投資を行うかを分析しなければなりません。**

マス広告で広く消費者に周知させ、そのうちの幾ばくかが関心を持ち、またその中の幾ばくかが購入してくれることを目的に広告プランを設計すると、歩留まりが問題でも、上流の投下を増やせば何とかなるという安直な考えに陥りがちです。購買期待層にも、まったく期待できない人にも大量に投下する手法ですが、多くの場合テレビでは人口の多い高齢層の視聴時間が長く、人口の少ない若年層の視聴時間が短いため、テレビCMは極端に高齢層に見られます。

大量投下をすればするほど高齢層にしつこいほどＣＭが接触します。高齢層がターゲットであればいいのでしょうが、実は過剰な頻度で接触することは逆効果です。

マスマーケティングにはテレビＣＭというマス広告が効果的だった時代へと、今ではテレビＣＭの到達実態は変わってしまっているのです。いびつな到達をしているのです。

ですから、既存のテレビＣＭを活用してきた広告主も、**テレビの効果や効率が変わってしまっていることを前提に広告マーケティングへの投資を再考する**必要があります。

今後の消費者のメディア接触の変化と、マーケティング手法の変化、インターネットのプラットフォーマーの盛衰をも予測し、マーケティング投資の必要な新興企業には新たに何が提供できるか、そのサービスは収益性があるかをＦＳ（フィジビリティ・スタディ…実行可能調査）することになります。

非常に難しいＦＳです。「こんなことができるくらいなら広告やマーケティング支援以外の違うビジネスにチャレンジしてみるよ」という声が聞こえてきそうです。

後述しますが、広告ビジネスは実にマーケティングしにくい対象です。

爆縮産業と広告ビジネス

さて、コロナ禍がマクロトレンドを加速したと述べましたが、以前から徐々に縮小していた産業がコロナ禍でより激しくシュリンクする業態がいくつか出てきました。それらを筆者は「**爆縮産業**」と呼んでいます。

たとえば、「リアル店舗によるアパレルなどのリテール」、「大学」、「地方銀行」などがこれに当てはまります。広告ビジネス周辺でいうと、「新聞」「雑誌」、そして既存媒体の販売を主たる業務とする「広告代理店」です。「新聞」はコロナで縮小が加速しました。また、プロモーションメディアであるチラシ、交通広告などを販売するメディアレップ型広告代理店も「爆縮」業種です。

爆縮するとコアスキルを持った人財が流出する

「爆縮業態」と「爆縮広告ビジネス」によって2030年代の広告業界の景色はどう変わるのでしょうか。

その業種が爆縮すると、コアスキルを持った人財が流出します。一方、そのコアスキルで業態変革を起こさざるを得なくなります。爆縮は徐々に縮小する「ゆでガエル」より良い結果を生みます。消滅する産業があるのは仕方のないことで、昔からそうした変遷はあります。ただその中にいる人財は、業態変革や別の産業で新たな役割を与えられることで「活かされる」ことにならなければなりません。

広告周辺でいえば、「新聞」「雑誌」はどんどん産業として縮小しておりこのまま生き残ることはないので、そこで働く人たちのコアスキルを使った業態変革や、コアスキル人財の広告業界への取り込みをどう考えるかです。

広告ビジネスは成長する産業を広告主にすることだけに目を向けてきました。その流れは今後も続くでしょう。一方で新たな成長の種は、急激になくなる市場の周辺にあります。そこで、**「爆縮」産業の業態変革にフォーカスを当てておき、培ったマーケティング知見によってビジネスチャンスを探る**のです。広告業界は今までよりはるかに能動的に新たなビジネス開拓を行う必要があります。

「爆縮」産業の代表格「百貨店」

では、いくつかの「爆縮」産業について見ていきましょう。まずはリアル店舗リテーラーです。

2017年に華々しくオープンした「GINZA SIX」でしたが、コロナ以前からかなり苦戦していました。開店当初こそ人を集めたもののすぐにごった返すようなことはなくなっていました（インバウンド需要はあったとは思いますが……）。大変よくできた施設ですが、それでも集客がままならず、真新しさのリニューアルなどのコストばかりがかさみ、利益の出にくい施設になってしまいました。最近でも、そごう・西武をアメリカの投資ファンドに売却するニュースが報じられるなど、百貨店という業態が先行して縮小し、時代の役割を終えつつあるのは皆さんも感じているのではないでしょうか。しかし、これは百貨店に限らずリアルな店舗でモノを売る業種・産業全体にいえることです。特に食料品以外の衣料品、雑貨を中心に「爆縮」産業になるでしょう。

専門業態である家電なども踏ん張るとは思いますが、それでもかなり厳しいでしょう。もともとコロナ前からオンラインショップにどんどん押されていたわけですが、それは物理的な弱点、つまり店舗までの距離や多種多様な品目をそろえきれないことが基本的な要因でした。アマゾンが規格が決まっていて管理しやすい本から事業を開始したことからもわかるように、かつては実際に手に取ってみたり、サイズを確かめたりしないとわからない服や靴のたぐいはオンラインでの販売は難しいといわれていました。しかし、ご存じのように、今ではオンラインショップでは基本的に買えないものはありませんし、服や靴もオンラインショップで成功しています。弱点以上の利点を顧客が感じているからです。

リアルな店舗は、買いたいものに遭遇できることや、ショッピングそのものがある種のエンターテイメントとして、オンラインにはない強みを発揮できるはずでした。ところが、デパ地下以外のフロアの閑散とした状況はどうしたことでしょうか。

要は百貨店には買いたいものもなければ、行っても楽しくない空間になってしまったということです。立地さえ良ければ買いに来てもらえる時代はとうに終わっているのに、いつまでも不特定多数の客を待っていたことがこうした事態を招いてしまったのです。

そもそも百貨店の前身には店舗はなく、いわゆる「外商」でした。お得意さまに向けて彼らがほしいものを全国から探してくるのが商売でした。顧客が特定されていて、売り物、売り場は特定されていなかったのです。それがいつの間にか、立地（売り場）を特定して、不特定の顧客に売る業態に変わりました。百貨店自身での商品化（マーチャンダイジング）

力が低下して、専門商店を誘致するテナント業者になってしまいました。まだ皆が貧しく共通してほしいものがあり、家族で百貨店に行くのが何よりの楽しみであった時代にはそれで良かったのです。

百貨店が構造不況業種となったのは、大型専門店の拡大と、いつまでも顧客起点の商売にする努力が足りなかったからです。カード会員にしてポイントや割引をするのはいわゆる「囲い込み」施策であって、本当のＣＲＭとはいえません。たとえば、福袋は並んで買いに来る人に売るのですが、「福袋」を買う人のほとんどはその百貨店の上顧客ではありません。本来福袋は、まず上顧客に対して彼らがほしいものやサイズも理解して「日頃のご愛顧にお応えする」ためにお得な商品をカスタマイズするべきでした。ところが実態は、数量限定の福袋に並ばせて、上顧客の前で「品切れです」などと平気でしていたのが百貨店の商売になっていました。今後百貨店が生き残るためには、上顧客を「お得意さま」としてＡＩ外商部員が活躍する新業態に転じることだと思います。

アパレルも「爆縮」業種のひとつ

百貨店の主力品目であった衣料品が売れなくなったように、リアル店舗のリテーラーでもアパレルは「爆縮」業種といえます。コロナ明け直後は鬱積《うっせき》していたショッピング欲求が爆発してアパレルには一時的な好況期が訪れるでしょうが、これがかえって店舗やブランドの優勝劣敗をはっきりさせることになります。

アフターコロナにおける最大の変化は、店舗のみならず「立地」の価値や概念が変わってしまうことかもしれません。リアルな店舗が総じて「爆縮」するのは市場が大きいだけにインパクトは大きいです。

まずテナント業界は、かなりの店子《たなこ》を失います。リモートで仕事ができることが証明された今、社員全員にオフィススペースを用意する会社は相当減るでしょう。不動産業でも店舗やオフィス貸しでは「爆縮」一歩手前になると思います。生き残るためには、今後新たなスペースの貸し方でどんな価値創造ができるかにかかっています。

配送の革新がリアル店舗の販売形態を「爆縮」させる

また、配送（宅配）の画期的な革新がリアル店舗での販売ビジネスを「爆縮」させることは間違いありません。自動運転によるトラックの輸送実験は既にアメリカで始まっています。ドローンによる配送もできるところからスタートしそうです。

コロナ禍では、配送が一時的に滞りました。当然配達人員の不足が主な要因ですが、これは日米ともに職を失った人たちがウーバーイーツの配達員に転じて人手を補ったりしました。しかし、コロナ後においては外食が立ち直り、多くの人員を吸収し直すことで、宅配のリソースはやはり不足することになります。

そこでコロナ以前の予測よりもかなり速いペースで画期的な配送革命が起きると予想しています。基本的に食料品を含むあらゆる生活必需品、特に重量のあるものやかさばるものは配達依頼することが定着していますから、これが一層拡大する中で受け取り効率を上げるさまざまな仕組みが登場することとなります。

スーパーマーケット業態も宅配対応を今以上に迫られますが、アマゾンと比べてロジスティックスに圧倒的な差を付けられており、今の状況ではまったく利益が出ていません。従来の販売方法やスマホで事前に商品を予約・決済し、受け取りにいくだけの仕組みも試されるでしょうが、品物を選んで仕分ける人員の負荷は大きく、利益ベースに乗せるのは難しいかもしれません。それでも顧客の来店を待っているだけでは通用しなくなる店は増えるでしょう。

ライブコマースによって新たな販売員が出現する

インスタライブでのコマースはこれからさらに増えるかとは思いますが、リアル店舗での接客スキルがそのまま生きるわけではありません。商品を上手に「かわいく」見せるテクニックが必要ですし、ライブコマースで「売れる人」がどんどん輩出されます。それはリアル店舗での販売員の常識を大きく越えてくるでしょう。物理的空間の制約から逃れるものの、店舗的空間はライブコマーススタジオとして十分に機能します。ただ、それが家賃の高い一等地にある必要はありません。大資本のブランドのフラッグシップ店としては残っていくものの、多くは多店舗展開する意味も必要もなくなってきます。

ライブコマースで「売る」力を持つタレントとして新たな「販売員」が育つとともに、ソーシャルメディアでの発信力を持つブランドが抜きん出てくるでしょう。特にアパレルや化粧品など若い女性にとっての「自己関与」が高い商材のブランド力は、ソーシャルメディアでの「プレゼンス」によって形成されます。こうしたカテゴリーのブランドは**「ブランドであり、かつメディアでもある」**ことになります。

また、リアル店舗からの脱却を「サイバー空間での販売」と短絡的に結び付けて、テクノロジー主導で、ＶＲ技術を使った販売を志向する人も多く出てくるでしょう。しかし、バーチャル空間をリアル店舗のメタファーで作っても「リアル店舗」の価値を超えるようなものにはなりません。価値は空間ではなく、販売員にあります。そして、そこは実際の「ヒト」の販売スキルにはかなわないと思われます。「テキスト・画像・音声・動画・インタラクション」と駆使できる要素が進化してきたオンラインでのトランザクションですが、結局はネットユーザー側のアクティブな商品探索行動に依存するものです。そこにプロのリコメンドや自分の文脈にはなかった商品との遭遇を促すにはまだまだヒトが介在します。

年月が経てば、こうしたヒトの技をＡＩが学習できるとは思いますが、それまでは、いやそれ以降も特定のタレントに「売る」力は偏るかもしれません。リアル店舗は特定カテゴリーでは半分以上がライブコマーススタジオになって一等地から離れていくでしょう。

DNVBによる新しい業態の誕生

そして、アパレル系商品はネット上をＤ２Ｃ型のブランド、いわゆるＤＮＶＢ（デジタル・ネイティブ・バーティカル・ブランド）という米国発のスタイルを日本流にして新しい業態として爆発すると思われます。

マーケティング業界で少し感度の高い人なら、『Warby Parker』というブランド名を聞いたことがあるのではないでしょうか。また、『Bonobos』という男性アパレルブランド名はどうでしょうか。両社ともD2Cを代表するブランド名ですが、これらのブランドの特徴を言い表したワードが、『Bonobos』の創業者であるアンディ・ダンが作った造語「DNVB（Digitally Native Vertical Brand）」です。「デジタル・ネイティブを起点に生まれたバーティカル・カテゴリーに特化したブランド」で、別名「v-commerce brand」ともいわれ、従来品がEコマース上に乗っかるだけの形態と区別されます。

DNVBの特徴として、次の5つが挙げられます。

①「製造直販」をテクノロジーの力で可能にさせている。中間コストが少ない分、粗利率が高い

②「ブランド体験」がオンライン起点で拡散される。自社ブランドが提供するメッセージだけでなく、インフルエンサーを筆頭とするソーシャル上のユーザー起点のコンテンツがブランドを支える

③通常のEコマースやアマゾンのチャネルと競合しない「第3の流通チャネル」

④顧客情報を直接保有している（サブスクライバーとしてクレジットカードが登録）

⑤スタートアップの起業マインドでコミュニティを成長させるパワーを持つ。大企業の自社開発で立ち上げるブランドとは趣が違う

ＤＮＶＢとはＳＮＳのプラットフォーム上のブランドであり、メディアでもある、「ファン」だけで構成される世界観を作って強い絆でつながるものになります。ですから**マススケールにはなりません**。数万とか数十万人がいれば十分で、マス化すると「私のブランドではなくなった」といってファンが離れてしまうような性格を持っています。

日本ではファッションの細分化が進んでいることから、特にアパレル商品がＤＮＶＢに向いています。

タレントがプロデュースするブランドも、この形態を持つものが増えるでしょう。常時家賃の高い店舗を好立地に維持するリアル店舗アパレルが「爆縮」するのは、こうした商品提供側と購買者側がＷｉｎ－Ｗｉｎな新業態が現れるからです。

これまで広告ビジネスにとってアパレルはさほど大きな扱いにはなりませんでした。ＰＲが主体で広告メディアを買ってもらうことはあまりなかったのです。しかし、今後はＤ２Ｃブランドに資本とマーケティング人財を送り込んで成長させ、キャピタルゲインを狙う市場となりえます。

地方銀行の存在意義が問われる

「爆縮」産業の2つ目は銀行、特に地方銀行です。銀行自体がその存在を問われるようになってきました。「暗号資産（仮想通貨）」が普及すると、決済や送金などが簡易かつ非常にローコストで可能になります。究極的には銀行に預金する必要すらなくなることも考えられます。とはいえ、都市銀行はビジネスのリモデルを図ってでも生き残るでしょう。「暗号資産」にかかわらず指をくわえて見ているはずもないですし、日銀が「暗号資産」を発行するとしても都市銀行は変化に対応します。

もちろん企業にとって銀行からの借り入れは引き続き重要な資金調達の手段ではあります。ただ特に中小企業などは直接金融としてのクラウドファンディングのような新たな仕組みをどんどん採用し、銀行からの融資を受ける企業はコロナ禍の一定期間で大きく膨らんだものの、その後は新たな資金調達に銀行借り入れを選択する事業者は増えていかないと思われます。今回のコロナによるダメージで初めて融資を受けた事業者も多く存在します。緊急事態で、存続のための借り入れだったわけです。政府系金融機関から無担保や連帯保証人を付けずに借り入れができたとしても、借金は借金です。無借金を旨としてきた事業者も今回やむをえず借り入れをしました。しかし、この公的金融機関からの借り入れの返済が終わると、多くは借り入れ以外の資金調達手段を選択するようになる可能性が高いと思われます。また、これらの多くは外食店のような小規模事業者であるので、融資を受けるにしても、地場に根付いて親身になって小規模経営者を資金面でサポートする信用金庫、信用組合が主役になるでしょう。そうなると、都銀でもない、信用金庫でもない地銀は非常に中途半端な存在です。

したがって、コロナ以前から再編を迫られていた地銀はアフターコロナ数年で「爆縮」する産業です。そもそも誰が本当の顧客なのか、どんな価値を提供することが自分たちの、自分たちだけの役割なのかが明確でなくなっていたと思います。

コロナ禍で、現金のやりとりにウイルス感染リスクを感じて電子決済にシフトした人も多く、現金比率の高かった日本でも、一挙に電子決済率が上がっていきます。ATMもコンビニで十分です。地方銀行の存在感、必要性は一気に縮小します。

地銀生き残りの道は「脱銀行」「脱金融機関」

地方銀行は合併などの再編が進みますが、それは根本的な解決策にはなりません。生き残るためには業態変革が必要ですが、おそらくそのためには人財をほとんど入れ替えるくらいの荒療治が必要になります。

地銀が変革を期して生き残るためには、まさに**「脱銀行」「脱金融機関」**しかありません。したがって、現有勢力でこれを果たすのは至難の業です。ある意味「生き残るために変身できる業態」ではなく、**地方でこれから「求められる機能は何か」に特化して生き残る道を選ぶ**ことしかないのです。

必要とされなくなっているのですから、必要とされる機能を果たすためにあらゆる方法を探すことです。それが長年その地域に育てられてきた地銀の責務です。おそらく合併を繰り返しても行き着くところは同じです。業態の維持ではなく、新たな地場産業や住民に役に立つ存在を目指した「完全変態」しか残されていません。

まずは「できること」で、かつ「役に立つこと」から始めるべきです。そのひとつが**地場産業のデジタルトランスフォーメーション支援**です。自分自身のＤＸがかなわないのに顧客のそれが支援できるのかということになりそうですが、おそらく自身のＤＸ化のほうが難しいので、それまで待っていられません。ここは紺屋の白袴よろしく、外部からすぐにでも人財を招き、顧客の地場産業を全世界に売り出すためのウェブサイト構築やノウハウ支援を行い、成果報酬をビジネスにしてチャレンジしてみるといいでしょう。もちろん、本来金融機関として求められるものもいきなりゼロになるわけではないので、ヒト・モノ・カネのカネ以外のマーケティング支援機能を取り込む中で、「期待されること」に当面利益度外視で臨むことで光明が見えてくると思います。

地場産業のコンサルになる

もうひとつの期待は、都会からの第2の生活拠点を求める人を行政と一緒になって誘致することです。そこには当然、住居、コミュニティ、仕事など生活に関わるすべてのことに金融機関の本業以外にもさまざまなサービスの提供が可能です。この第2の生活拠点を啓蒙し、カネ以外もサポートするサービスを仕掛けることで新たなビジネスの練度が上がります。

また**地場産業に対して中小を問わず全国、全世界を相手に顧客を獲得することを支援するコンサル**にならなければなりません。前述のDNVBの特徴①の「製造直販をテクノロジーの力で可能にする」ことを地場産業に働きかけ、かつサポートできる存在になるということです。これは、いってみれば地場産業事業者に対して小型のアクセンチュアのような存在になれということです。なかなか現有の人財では難しいでしょうが、地銀は新しい役割を見つけ出さなければなりません。

まずは融資先の中小企業のウェブサイトの英文化を手伝ったらどうでしょうか。日本の労働生産性が低いのは中小企業の収益性が低いからですが、それも国内しか取引先がなく、価格を抑制されているからです。ウェブサイトの英語版を作るだけでも海外から引き合いがあるかもしれません。日本語しかないウェブサイトは海外からは一切認識されません。

地銀は顧客が誰かも改めて定義し直さなければなりません。その際、地方のメディアと小売事業者との三者での連携を模索することです。メディアに関しては後述しますが、地方のメディアも「爆縮」産業です。新聞は全国紙でもそうですが、テレビも地方局は「爆縮」します。地銀も地方紙、地方局もエリア内経済を担うことが役目でしたが、消失しないためには、エリア発全世界に、または中央からではなく全国のエリアとエリアを直接つなぐネットワーク型経済のキーマンにならなければなりません。一見弱者連合のように見えますが、異業種連携なので、自己変革を起こすことが難しい企業には異業種連携がひとつの業態変革の手法といえます。同業者同士がいくら合併しても業態変革は起こらないからです。

ここまで言及すると、地方の広告代理店の方向性も見えてきます。

第2章

広告とマーケティングの「変化」は経済の「先行指標」

「変数」を見つけ、未来に向けた応用を考える

アメリカのコカ・コーラ社の元グローバルCMOであった、マーケティングの巨匠セルジオ・ジーマン氏が『The End of Advertising as We Know It』（筆者訳：「広告の終焉、皆さんもご存じの通り」）を発表し、2003年には日本語版が案内されました。

そして、その10年後の2013年に、現I&COのCEOであるレイ・イナモト氏によって『Fast Company』誌への寄稿として、「The End Of Advertising As We Know It–And What To Do Now」（筆者訳：「広告の終焉：追記＝新時代を生き抜くための4つのアイデア」）が提唱されました。

ここでは、氏がこの中で「4つのアイデア」として提唱した項目を和文要約して紹介します。

「広告」の終焉：レイ・イナモトが考える「新時代を生き抜くための4つのアイデア」

（※カッコ内は筆者による意訳として加筆）

従来「広告」と呼ばれたものが終わりを迎え、時代は365日のコネクション、人々の物語、ビジネス発明が鍵となる新時代に突入している。

①「インテグレート」から「コネクト」へ

（要約：広告メディアを統合＝インテグレートしたキャンペーン施策発想から、オーディエンス＋企業＋メッセージを永続的にコネクトさせる「事業」として取り組むことへ）

②「ブランド（側から）の物語」から「人々（が中心）の物語」へ

カンヌでも話題となった強力な受賞作の数々（中略）などに共通するのは、それが必ずしも「ブランドの物語」ではなく「人々の物語」である、という点だ。

③360度から365日へ

広告の世界では、長きにわたって消費者に対して包括的に「360度」でメッセージを発信していく考え方が奨励されてきた。（中略）消費者を全方位から囲い込むのは不可能であり、無駄が多過ぎる。

アイデアのスケールが、媒体への露出によって測られる時代は終わった。新時代における基準とは、永続性、志、そして社会に与えるインパクトである。

④メディア依存からビジネス発明へ

広告業界は、メディアに依存するのが長きにわたってビジネスモデルとなっていた。レシピは決まっていて、インサイトと称してストーリーを糊づけし、「ビッグアイデア」をあらゆるメディアチャンネルで流しまくる。多少極端な言い方ではあるが、これに沿っていれば、問題を解決したりブランドを構築したりできるものと誰もが思っていた。

クリエイティビティとイノベーションとは、明らかな問題に「思いもよらない解決策」を見つけるか、または「思いもよらない問題」を見つけて明らかな解決策を提示することである。

出典：２０１３年6月27日「First Company」

URL：https://www.fastcompany.com/1683292/the-end-of-advertising-as-we-know-it-and-what-to-do-now

いかがでしょう。発表から年月が経った現在から振り返ってみても、これらの要約だけで、当時のイナモト氏が指摘されていた課題（不釣り合いだった部分）がまさに、徐々に適正化（当たっている方向へ）へ向かってきていると感じます。

イナモト氏が提唱していた２０１３年当時の経済状況は、コダック社が破産申告をした直後でした。ユーザー数がまだ3千万人程だったインスタグラムがフェイスブックに約10億ドルで買収されて、まだまだＳＮＳの概念もよく理解されていない頃でした。

広告マンの8割はいらない

この２０１４年に「広告マンの8割はいらない」のコピーで拙著『広告ビジネス次の10年』を発刊しました。イナモト氏が指摘していた内容を振り返れば、同時期の拙著の中でも、現場の具体的な（目の前の）「広告ビジネス」の状況への示唆として、イナモト氏の指摘に近いものを紹介していました。以下は、当時の拙著からの抜粋です。

■ビジネス・リモデルが求められている「総合広告代理店」は消滅した
「フルサービス」「インテグレーテッド」「チームワーク」「マーケティングパートナー」「360度チャンネル」…これら耳障りの良い「業界用語」を使って自社を「総合広告代理店」としてプレゼンテーションする企業は、欧米では完全に消えた。

⇓レイ・イナモト氏が指摘する「①『インテグレート』から『コネクト』へ」、「③360度から365日へ」と常に人々とつながる意識への指摘に当たる部分です。

■IT、コンサルティング系企業の異業種参入
アクセンチュアのようなシステムコンサルティング系やIBM、富士通のようなシステムインテグレータ系などから別会社が設立され、マーケティング領域に進出してくると予想している。当然、既存の広告代理店と競合する。広告業界の人財もどんどんそちら側へ流れる。

⇓「④メディア依存からビジネス発明へ」について、まだアクセンチュアインタラクティ

ブが台頭する前の業態変化を指摘する部分です。

■マスメディアの凋落、メディア間を浮遊するユーザー
それぞれのデバイスがそれぞれのデバイスやメディアからユーザーを完全に取り合うわけでなく、それぞれを同時にまたは用途に合わせて順番に使っていく。

⇓「②・④メディアやブランド側からの一方的な押し付けではなく、人々が浮遊しつつ主語となる物語が生まれる」という、主従、相互、関係の転換を指摘する部分です。

■収益モデルの多様化への対応
今後は「マージンで儲けるのか、フィーで儲けるのか、出資して共同事業とするのか、テクノロジー領域に投資するのか、はたまた得意先とともにメディアを作りB2Cビジネスをするのか……」というように、あらゆる角度から収益モデルの算段を付ける。

⇓まさに「④メディア依存からビジネス発明へ」の事業構造の転換を指摘する部分です。

現在において、その「的中度」を比較するのではなく、**各事業の北斗星はどこかを探していくことで、隠れた「変数（※）」のようなものが見えてくれば、未来への道標《みちしるべ》に向けた調整（応用）ができるかもしれない**、と考えて振り返ってみました。

※ここでは、単なる「変化」という現象の過去との比較を形容するのではなく、「変数」とたとえています。変数として気づければ、他の事象での推測や計算に「応用（変数）」として使えるかもしれない気づきとして、以降「変化（過去の振り返り）」「変数（未来への応用）」と区別して使っていきます。

既存のマーケティング事業の枠の中でも既に変化が起こっている

前節の例に限らず、「広告」や「広告会社」「マーケティング」の定義や概念は、過去100年を超えて常に変遷してきました。その説明だけでも1冊本が書ける程なので、ここでは対象期間を短くし、「(ほんの)10年程前の意味合いから変化した」広告などへの実感をもとに、「次への展開（変数）」を考えてみましょう。

たとえば日本において、「広告」や「広告会社」「マーケティング」という言葉を聞くと、電通や博報堂を筆頭とする（広告）代理店やその周辺事業、あるいは資生堂宣伝部やトヨタ宣伝部を筆頭とする（広告主）企業を真っ先に思い浮かべる時代がありました。

この過去のイメージをひっくり返す勢いで、近年のデジタル上でのアドテク企業の登場に代表される**広告&マーケティングでの新事業形態**や**スタートアップによる「エコマップ」**が描かれていったのがこの10年でした。ところが、これらの「新デジマ」事業体やエコマップから説明される価値すらが、最終的に集約される資本や支払われる予算が「巨大資本

（例：ＧＡＦＡＭ）」に「束ねられる、牛耳られている」ということから、巨大資本の論理で聞かされて、情報にふたをされていただけなのかもしれません。

この4〜5年で「目に見えず」進んでいた事業変化

その「ふたをされたような」状況が、新型コロナウイルスの蔓延を理由にした外出自粛モードとともに、あれこれと一気に吹き出しました（前出の「爆縮」が目に見えてきました）。爆縮はこの4〜5年（２０１８年〜）に、**「目に見えず」進んでいた事業変化を「目に見えて」「健在化させてくれた」ありがたい効能と捉えます。**

たとえば躍進しているサイバーエージェントやアクセンチュアの台頭を例にしてみると、「広告」「マーケティング」を提供する企業とは少し当てはまりにくい（呼びにくい）概念や商流が生まれています。あるいは資生堂やトヨタらの広告主企業においてすらも、「宣伝部」「マーケティング部」という社内組織が既に存在しなかったりと、**過去の呼称や事業形態が何やら大きく変化している様子が目の前で感じられ始めました。**

実際の数字として、サイバーエージェントの事業全体での「広告事業」のセグメント利益（営業利益）の比率は2割程です。事業のコアは広告以外の「ゲームセグメント」の利益が8割を占めます（アベマTVを含むメディア事業セグメントは約124億円の損失〈2022年9月末の通年決算より〉）。

さらにアクセンチュアに至っては、もともとがグローバル事業を営む（巨大）クライアントに対して、「ビジネス・コンサルティング事業」を提供する企業です。そのほんの一部門が「アクセンチュア インタラクティブ」としてマーケティング領域に隣接して存在するので、その業態の吟味は複雑です。しかもアクセンチュア インタラクティブ部門の事業全体における利益や比率は開示されていません。

このアクセンチュアにおける、もう「広告事業」とは呼べない、「広義に解釈」「再定義」しているイメージは偶然の出来事ではなく、同社の「必然の仕掛け」とも感じられます。アメリカの広告業界で長年実績のある『Advertising Age』誌（Ad Age）による集計において、2016年からアクセンチュア インタラクティブ社は、既に「世界の売上総利益高」の1位にランクインされるよう、数字を提出しています（同誌の集計方法は、各社からの自己申告によるデータと同誌の推量調整です）。

アクセンチュアは、（広告）世界ネットワークの単独会社（World's 25 Largest Consolidated Networks）の中での1位の座を、既に7年保持しています。世界の広告会社の中で「巨人」と定義されていたはずの（あの）「電通」だけではなく、グローバル事業で100年以上の歴史を持つBBDOやYoung & Rubicam、Ogilvyなども一気に抜いている立ち位置です。

ちなみにアクセンチュア インタラクティブは2022年にアクセンチュア ソング(Song)という名称に変更しました。これも既存の「コンサルのアクセンチュア」の無機質な色から脱却して、「広義の解釈」に向けて事業名すらを変更してまで、マーケティング事業に取り組む様子です。即、その成果も生まれ、同年のカンヌライオンズ国際クリエイティビティ・フェスティバルにおいて、アクセンチュア ソングが制作したスーパーボウルでの広告「Less Talk, More Bitcoin」(クライアントは仮想通貨取引所のコインベース社)が「ダイレクト部門」の最高賞であるグランプリを獲得しました(226ページ参照)。

広告出稿主側でも変化が起こっている

サイバーエージェントやアクセンチュアといった広告会社側の変化だけでなく、広告出稿主(ブランド)側でも、「広義」「新しい」定義が生まれています。たとえば資生堂やトヨタといった大企業では、宣伝部機能を分社化(例:資生堂クリエイティブ株式会社)したり、その反対に本社へ再統合(例:株式会社トヨタマーケティングジャパン)したりといった動きがあります。資生堂が、2021年にアクセンチュアと「資生堂インタラクティブビューティー株式会社」を設立したのも、この流れのひとつです。この設立をお知らせする資生堂からのプレスリリースの中には、「マーケティング」という単語は登場しても、「広告」という単語は登場していないのは興味深いところです。

これらのブランド企業（広告主）である、資生堂やトヨタに代表される事業側の変化の例は、**「風上側の思考の変化」**として大きなシグナルです。ブランド事業体におけるマーケティング組織の改編は、旧来の「広告やマーケティング」に閉じた概念を基点とせず、ブランド企業の事業の競合相手が、単に「化粧品ブランド」同士とか「車ブランド」同士で閉じられない、**事業の拡大やうねりが大きく作用した結果**として考えてみます。ブランド企業側の組織変更として、「顕在化」した措置や動きには、「さらにその先（応用できる変数）」が存在しそうです。

新しい事業ライバルに気づけば、新しいマーケティングの「ガイドブック」に

前節の最後に述べた広告やマーケティングの変化の「さらに、その先」とは具体的にどんなことでしょうか。本節では、事業構造の「さらにその先」についていくつか事例を紹介します。

巨大プラットフォーマーといわれるＧＡＦＡＭが、広告やマーケティングと呼ばれる領域での影響度が大きいだけでなく、各企業や事業の大前提（インフラ）になっているのは周知の通りです。本書で考えてみたいのは、これらＧＡＦＡＭなどの「さらに、（もう少し）先」の領域です。

ひとつの方法が、**「現在競っている、事業の（未来）ライバル（競合）はどこか」を、既存の枠を超えて考えてみること**です。たとえば新型コロナウイルスによる外出自粛をきっかけに身近に普及したＺｏｏｍのライバル事業や、Ｚｏｏｍの普及によって打撃を受けた事業はどのような領域かを考えてみます。Ｚｏｏｍの登場によってライバルとして打撃

を受けた側とは、マイクロソフトがスカイプ・フォー・ビジネス・オンラインのサポートを終了したり、グーグル・ハングアウトが他事業に統合されたりしたことからもわかるように、Ｚｏｏｍと同様の映像通信のＤ２Ｃ事業者やオンライン・プラットフォーマーの事業に限りません。

また、オンライン会議が当たり前になることで出張回数が減ったことによる新幹線に代表される鉄道事業や航空事業、そしてシェアオフィスのWeWorkも、Ｚｏｏｍ事業の登場により影響を受けています。さらに、「出張しなくても解決できる」の概念が広がれば、「遠隔医療」のような命に関わる事業にまでライバルの広がりが想像できます。

同じような発想で、ネットフリックスのライバル（競合）はどこかを考えてみましょう。真っ先に考えられるのは、ディズニープラス、アマゾンプライム、Ｈｕｌｕなどの映像コンテンツ企業です。これらはサブスクライバー数や広告事業での競争などにおいて、既に実在している直接の競合でしょう。日本市場ならばワールドカップ視聴でわいたアベマＴＶなども思い浮かんだかもしれません。しかし、これらすらも、「映像サブスクリプション」同士の範囲内での比較であり、旧来の枠のままでの閉じた比較でしかありません。本節では、さらにその先を考えてみます。

存枠の発想から広げて考えてみると、たとえば外出自粛の期間に注目を浴びた、自宅フイットネス機器のエアロバイク版の「Peloton Interactive」(2019年にナスダック上場)や、その鏡(姿見)版の「Mirror」(ルルレモンが2020年に買収)なども、モニターの向こう側のインストラクターに合わせて(視聴しながら)エクササイズを行う「新コンテンツ(視聴)」のサブスクリプションです。これらがネットフリックスの事業としての新しい競合になりうると考えるのはどうでしょう。

さらにネットフリックスのライバルとは、人の生活時間の中での「視聴時間」を取り合っている相手と定義してみれば、人々の「睡眠時間」がライバルになるかもしれません。さらには近年の世界情勢から影響される「物価のインフレ」が家計を圧迫している状況も競合比較の対象として指摘されています。家計支出の中で、節約のための優先順位の取り合いとして、家計というくくりの中では、「電気・ガス」などの「エネルギー・サービス」の企業や事業までも、ネットフリックスという「番組コンテンツ提供・サービス」がサブスク費用での競合と考えられるかもしれません。

このような「現状の予想を超えたライバル」の出現や、事業解釈の拡張による新しい事業から派生する「新しいマーケティングの概念」について、第5章では欧米事業での顕著な事例をいくつか紹介しています。そこで取り上げているのは、「目に見えて、手にできる」事業(たとえば、手に取れるCPG(コンシューマー・パッケージド・グッズ:消費財)商品の店頭販売や、その購買データと広告との相関分析など）よりも、「目に見えない、手に取れない」事業の仕組み（たとえば映像番組のネット配信システムや、さらにはオンライン会議による意思疎通の理解、医療を含めたケア〈執事〉のやりとりなど）のほうに大きな未来へのインパクトがあるかもしれないと考えられる事例です。

これらは氷山の一角でしょうし、さらには「答えが１つ」とは限らないものです。日本でも既に始まっている部分もあるでしょうし、まだまだ日本では関心のアンテナが低いと思われる領域・切り口もあるかと思います。皆さんの中にある「座標軸」の変数の書き換え（アップデート）の材料になればと思います。

第3章

データ利活用の常識が逆転して非常識に

「軽いデータ」側から「重いデータ」側への比重移動

本章の初めに筆者の造語ですが、「軽いデータ」側と「重いデータ」側と称する区分を紹介します。

とかく「データ」と称されて、企業が集めたり重宝したりしようとしているデータは軽いデータばかりに偏っているように思えます。ここでは、**重いデータ側を事業に据える接し方**を考えたいと思います。

軽いデータ側とは?

軽いデータ側の具体例として当てはまるのが、これまでの広告やマーケティング活動で紐付けしている大半の**個人データ**です。たとえば、視聴データ、閲覧履歴、位置情報、購買履歴、アンケート、インタビュー、住所・氏名・メールアドレスなどがこれに当たります。サードパーティが販売するデータを購買して自社に活用する行為や、クッキーに代表される「覗き見」「無許可」のデータ収集とその活用もこれに含まれます。

これらのデータは、おおむね（広告）ターゲティングの精度を上げるための企業（事業）側の推量の利活用行為のためのデータ（データの対象個人がこの人とは確信できない、おおむねの推量に推量を重ねるデータ）でした。

これらのデータは、ユーザー自身が「そのつもり」がないままに収集されていたり（乱用されていたり）、さらにはユーザー自身も事業主側が利活用していることをそれほど気にしていない（そんなに痛い目にあわない）データとして扱われたりしていました。活用側はそのお気軽さが故に、1つひとつのデータを大事に扱わず、二束三文のごとく千単位（CPM）に束ねた価値として量り売りしていたのが、これらの軽いデータ側の扱われ方でした。

これらの軽いデータ側の利活用とは、**「目に見える側」の結果**（コンバージョンが上がる、売上費用効率が上がるなど）への注力が目的でした。後ほど軽いデータ側のマイナスリスク（保持費用、対応損失）について紹介しますが、その前に重いデータ側とはどのようなものなのかを具体例で紹介しましょう。

■重いデータ側に該当するもの

重いデータ側とは？

軽いデータ側に対して重いデータ側とは、**「医療・金融・保険・教育」の分野の１次データに該当するもの**です。もちろん、これら以外にも重みのある産業データは存在しますが、身近な重みの上位例としてこれらを取り上げます。

重いデータ側には、軽い側の感覚とは別次元の「気遣い」「慎重さ」「インフォームド・コンセント」が求められ、その分売り買いされるデータの相場には、軽い側と比べて１００から１千倍ほどの開きがあります。次ページの図は参考として、「個人を特定できる情報（ＰⅡ）」がダークウェブ上で取引されている「単価の差」を紹介しています。「軽い側」と「重い側」の差についてイメージができると思います。

■ダークウェブ上でのまことしやかなデータ相場

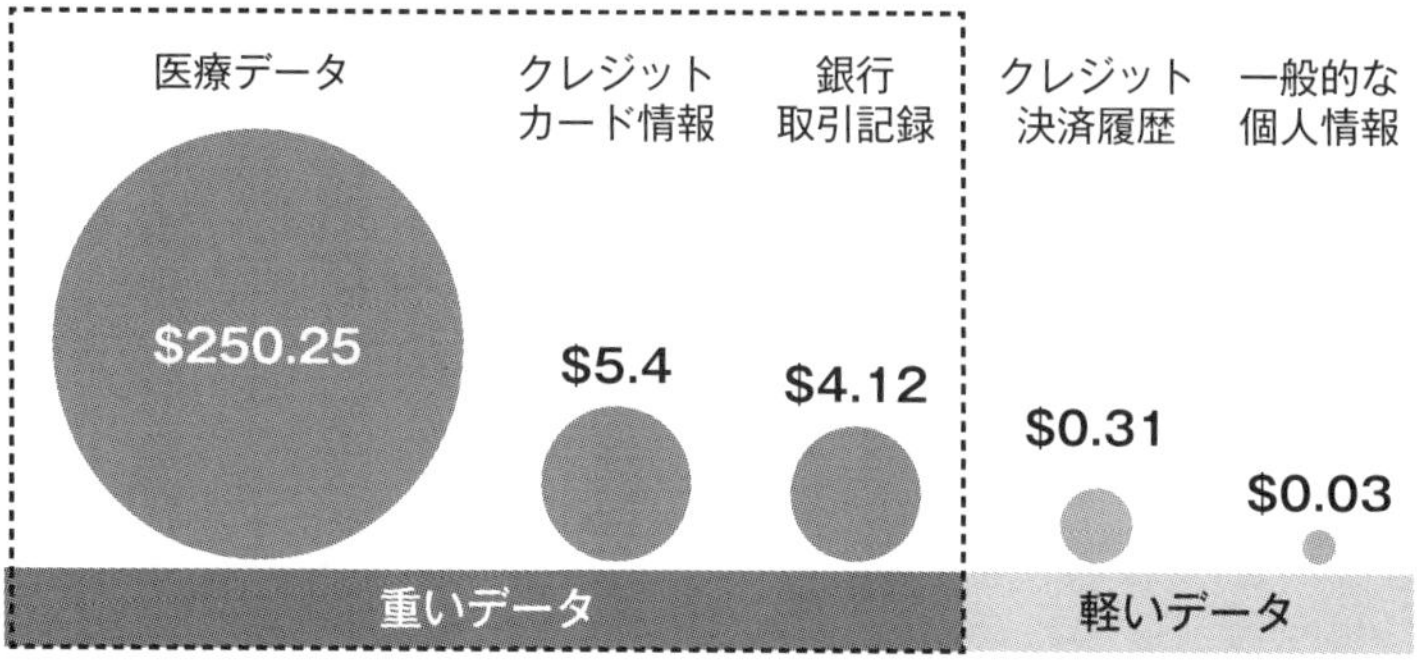

出典：Trustwave「TRUSTWAVE GLOBAL SECURITY REPORT」をもとに作成
URL：https://trustwave.azureedge.net/media/15350/2018-trustwave-global-security-report-prt.pdf

軽いデータ側のマイナスリスク

ネット広告の登場以来、軽いデータは企業側からのマーケティング機能での利活用面から、「宝の山」「新しい石油」などとされていた時期がありました。けれども、**現在では保有していることそのもののマイナスのリスク面**が顕在化してきています。むしろこれらのデータを無意味に取りあえず持ったり集めたりしていることが「お荷物の山」「コスト高」「危険物」になる可能性を大きくしています（後述する「DSR」の概念です）。

この「手元のデータが宝の山と思いきや、お荷物へ」という価値観の転換を顕在化させたのが2018年施行の欧州GDPR法であり、そ

■軽いデータ側で成長する企業と重いデータ側を準備している企業やサービスの例

軽いデータ側をサービスとする例	グーグル、ユーチューブ、フェイスブック、インスタグラム、ティックトック、ネットフリックス、ライン、楽天、アマゾンEC、ヤフー、ポンタポイント、Tポイント、Suica　など
重いデータ側への準備が進む企業例	マイクロソフト、アマゾン（AWS）、ゴールドマン・サックス、テスラ、アップル　など

れに続いて20年に施行されたカリフォルニア州のCCPA法でした。日本でも改正個人情報保護法が22年4月から施行され、いよいよ（ようやく）重い腰が上がり始めました。

グーグル／フェイスブックを代表とする軽いデータ側が利益基盤のプラットフォーマーは、ポストクッキー対策と称する我田引水の言い分に、日本市場は思考が丸め込まれているように見えます。軽いデータ側の利活用を土台にした「まだまだ使える、イケる」「合法の範囲内だ」とする事業主や営業記事を多く見受けます。そこにつけこむように、その論調を担ぐ広告周辺会社も多く存在しています。

欧米のGDPR／CCPAの成り立ちは、この消費者（ユーザー）が利用されまくっている状況が「おかしい」と指摘され、訴訟という手段にまで発展している環境です。これは日本でも決して対岸の火事ではなく、前述のように法改正によってその土壌は整っています。

ただし、日本の法改正があまりにも甘いスタートなので、「まだまだ、法の網の目をかいくぐれる」と思えてしまうかもしれません。しかし、「法をかいくぐれば良い」という姿勢では自転車操業の沼に入り込むことになります。重要なのは、対症療法でしのぐのではなく、**企業の根幹に関わる問題として取り組む姿勢**なのです。

医療産業の規制緩和に向けて準備が待ち望まれる事業カテゴリー

前節で紹介した重い側の巨大データ市場である「医療」「金融」「保険」「教育」の中から、本節では「医療事業」を例として取り上げてマーケティング概念の大きな変化や、未来の「(大きな) 変数」が登場する気配を紹介します。

医療産業から「変数」が起こりうるといわれても、「自社の事業は食品ＣＰＧなので関係がない」とか、「自社のコスメティック事業と医療とは違う」「自社は宅配事業だが、なぜ医療業界を気にしなければならないのか」など、現在の事業の立ち位置から見れば遠い印象を受けるかもしれません。

ところが、一歩先を考えてみれば、これらの事業にも、身近に「目に見え始めている」医療との事業領域の接点があるはずです。たとえば、対面でしか購買できなかった「処方箋薬」が宅配可能に規制緩和されたり、「金融」事業がＡＰＩやアプリ経由で医療や保険の事業に分割支払いや資産運用と融合したり、その延長で宅配事業と医薬品事業の間を「保険」がブリッジしたり、あるいは「教育」という概念は、「人々の考えや感情」と「医療」が表裏一体となる重要さに及んだりしますから、各ブランド事業の根底価値に潜む事業に発展する可能性もあるでしょう。

「ゼロパーティ・データ」のご本家、医療業界

医療事業（※）こそが、顧客（＝患者）とのインフォームド・コンセントの関係が大前提であるので、「ゼロパーティ・データ」として「重いデータ側」を扱う代表的産業です（ゼロパーティ・データについては124ページで具体例を紹介します）。もともと厳格に法的にも資格的にもデータに対する接し方や扱い方の専門性が（非常に）高く規定されており、だからこそ新たな企業の参入障壁が高い重いデータ側の産業でした。そのため、医療産業のわずかな変化は、他の産業を含め社会全体に非常に大きな「変数」をもたらすこと

※本節は、「ヘルスケア」と称される軽いデータ分野（広義の分野：脈拍、体重、血圧、歩行距離、睡眠など）ではなく、医師免許が必要とされる重いデータ分野（専門性の高い分野：治療、治験、入院など）の話題とします。

から、ここでは取り上げることにします。

この医療業界からの視点では旧来マーケティング用語として使われていた「ターゲティング」「キャンペーン」「刈り取る」などの戦争を起点とした用語は似つかわしくありません。これも旧来のマーケティング視点から見れば新しい予兆変数のひとつであり、言葉ひとつとっても重いデータ側を尊重する言い方が登場する可能性が期待されます。

法規制の緩和への感度アンテナ、他業種との融合の夜明け前

重いデータ側である医療業界において、法律の変更（規制の緩和）は、他の（軽いデータ側の）産業にも大きく波及し、影響を及ぼします。たとえば、「処方箋医薬（風邪薬や目薬などのOCT薬ではない）」の自宅への宅配の解禁（変更）もそのひとつです。

現在の日本の（世界の）法規制の環境は、解禁とはいえまだまだ限定的なサービスに過ぎません。しかし、この時期こそが、むしろさらなる緩和に向けた大きな変数が見えており、それに向けた準備がまだ間に合うチャンスが含まれています。まさに「夜明け前」かもしれません。

アメリカでも、これまでの処方箋医薬の販売は、医療資格を持った医師・薬剤師が手渡

しする法律を基盤として、ドラッグストアのチェーン事業形態が繁栄していました。アメリカでは5年程前からこの状況に変化（規制緩和、新規参入）が発生しています。ドラッグストアのチェーン事業形態としては、Walgreens、CVS、Rite Aidの専業だけでなく、WalmartやKrogerなどのスーパーマーケットもこの事業形式を持つ範囲です。

日本でもこれに近い形態として、ウエルシア薬局、ツルハドラッグ、マツモトキヨシ、ココカラファインなどのドラッグストアだけでなく、これらと資本関係やテナント関係を持つイオン、セブン&アイ、アトレなどのスーパーマーケットやリアル店舗リテーラー業態も関係するでしょう。さらに、これらの事業を含むさまざまな元締めの資本主である三菱商事、三井物産、伊藤忠商事、住友商事を筆頭とした商社や、その傘下の事業の垂直融合（例：ローソン、ファミリーマート、セブン-イレブン、サミット、トモズ）によって、日本でも一大産業の変数が見えてきそうです。

処方箋薬の販売認可を持つ店舗はドル箱

処方箋薬を服用するユーザー（患者）は週に一度、月に一度の習慣性があり、なおかつほぼ永遠に続くサブスクです。店内の一番奥に「処方箋の受け取りカウンター」を設置して、カウンターにたどり着く手前に「その他の日用品」をレイアウト陳列してついで買いを期待する手堅い商売がドラッグストアチェーン店の基本フォーマットでした。少し露骨な言い方をすれば、処方箋の法規をクリアして保持している店舗は、来店吸引力の「ドル箱」を「店舗の奥」に持っていました。

処方箋薬の宅配ネットワークの火付け役、アマゾンのPillPack買収

リモート環境に慣れた今の立場で考えれば、処方箋薬でも宅配は可能と想像できますが、お伝えしたいのは、それを予知した時期での早期行動と、含まれるマグマ（変数）の大きさの察知です。それらがいまだ日本で普及しえていないのは、次のチャンスを狙えるシグナルかもしれません。

アメリカでは２０１３年創業のスタートアップ企業「PillPack」が処方箋薬の宅配の許認可に挑み、「一度医薬処方された薬ならば、その同じ薬の定期的な充塡だけなら、毎回対面の購買でなくとも宅配の許可が得られる」というアイデアで、アメリカ31州でライセンスを獲得して事業を成長させました。その後、同社は18年にアマゾンが約８００億円（７・５億ドル）で買収し、現在は「アマゾン Pharmacy」のブランド名で残りの州の許認

■処方箋薬の宅配を行うPillPack

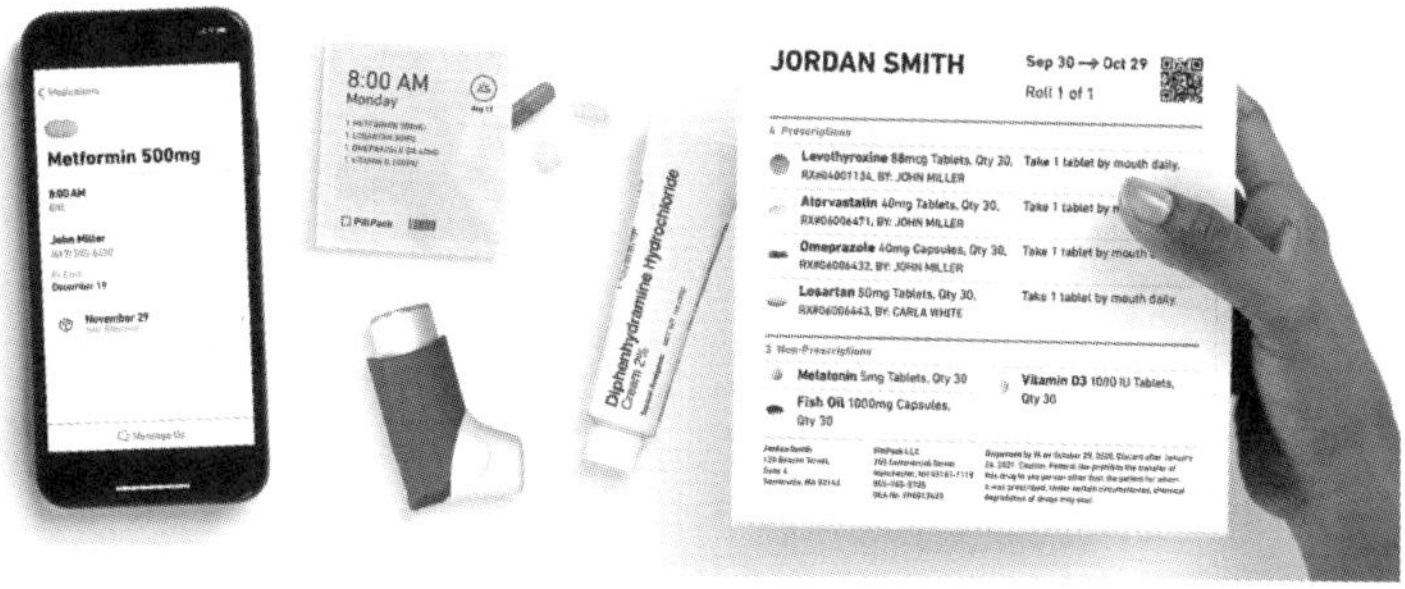

出典：PillPack HP
URL：https://www.pillpack.com/how-it-works

可を取って成長させ、全米で事業展開を行う新たなEC事業の柱となっています。

2018年に既に発生しているシグナル

店頭（来店）受け取りを期待する旧ドラッグストア店舗を持つ事業体は、店舗を不要とする軸である宅配事業とのカニバリゼーションを気にして「処方薬の宅配」には乗り出していませんでした。ところが、アマゾンによるPillPackの買収発表によって、前出のドラッグストア企業の3社合計だけで、一気に約１・２兆円（１１０億ドル）の企業価値が下落する程の影響を受けたことで、ようやくドラッグストア各社も宅配事業に乗り出すことになりました。

翻って日本ではどうでしょうか。このアメリカで顕在化した業態がまだまだ芽生えていない（見えていない）か、あるいは驚くような事業インパクトがそろそろ顕在化する時期かもしれません。同じような動きが起こりつつある兆しも見られず、実現するまでにはまだまだ時間がかかると思われます。

考えうる「垂直融合」

今後アマゾンの処方箋薬の宅配、在宅医療はＥＣの新たなドル箱として成長する可能性を秘めています。「重いデータ」を預かる処方箋薬の宅配事業が持つ事業資産としての可能性には次の５つが挙げられます。

- ユーザー（患者）は処方箋薬をサブスクとして定期的に購入する（ＬＴＶが高い）
- （健康的に好ましくないが）さらに追加の薬が加わることがある（ＬＴＶの右肩上がり）
- （好まずとも）必ず購入する上に、永久に購入する（離脱率が極めて少ない）
- 薬価の単価は、他のＣＰＧ品より圧倒的に高い（利益率や利益額）
- 非常に軽量で小さいので、配送に連動する梱包や輸送のコストが安いここまで重いデータ側の一例として「処方箋医薬の宅配」を挙げましたが、この良いとこずくめの比較・連想すらが「お薬」という目に見える物品に閉じた世界での比較でしかありません。まだまだ見えていない「向こう側」や「変数」「重いデータ側」のマグマの大きさが巨大な医療事業には潜在しています。人の命を預かる医療産業は、その医療資金を負担する国家予算と雇用企業が積み上がる「保険産業」と、その予算資産を預かって運用や支払いを取り持つ「金融産業」という巨大産業同士が融合して初めてサービスが成り立ちます。

これまでのマーケティング行為とされていた軽いデータ側を集めて横にスケール化させて、ターゲットへの推量精度を上げるソロバンは、単体企業側の効率向上が起点でした。垂直融合では、**B2B事業主が互いに入り口から出口まで一気通貫でつながれば、私（最終ユーザー）が便利と考える新しい（重い）価値**を目指しています。

処方箋薬の宅配は氷山の一角

このPillPackの事例は、アマゾン／AWS事業の「氷山の一角」です。飴玉側である「クラウド事業」には各主要産業別「バーティカル・サービス」（個別産業に垂直特化型での

■アマゾンの医療の例

- AWS for Health　　2021年 7 月ローンチ
- アマゾン Care　　2021年 3 月発表(22年11月にAmazon Clinicへ)
- アマゾン Pharmacy　　2019年11月に新ブランドへ改称
  (旧名称：PillPack)　　2018年 6 月買収発表　約800億円（当時）

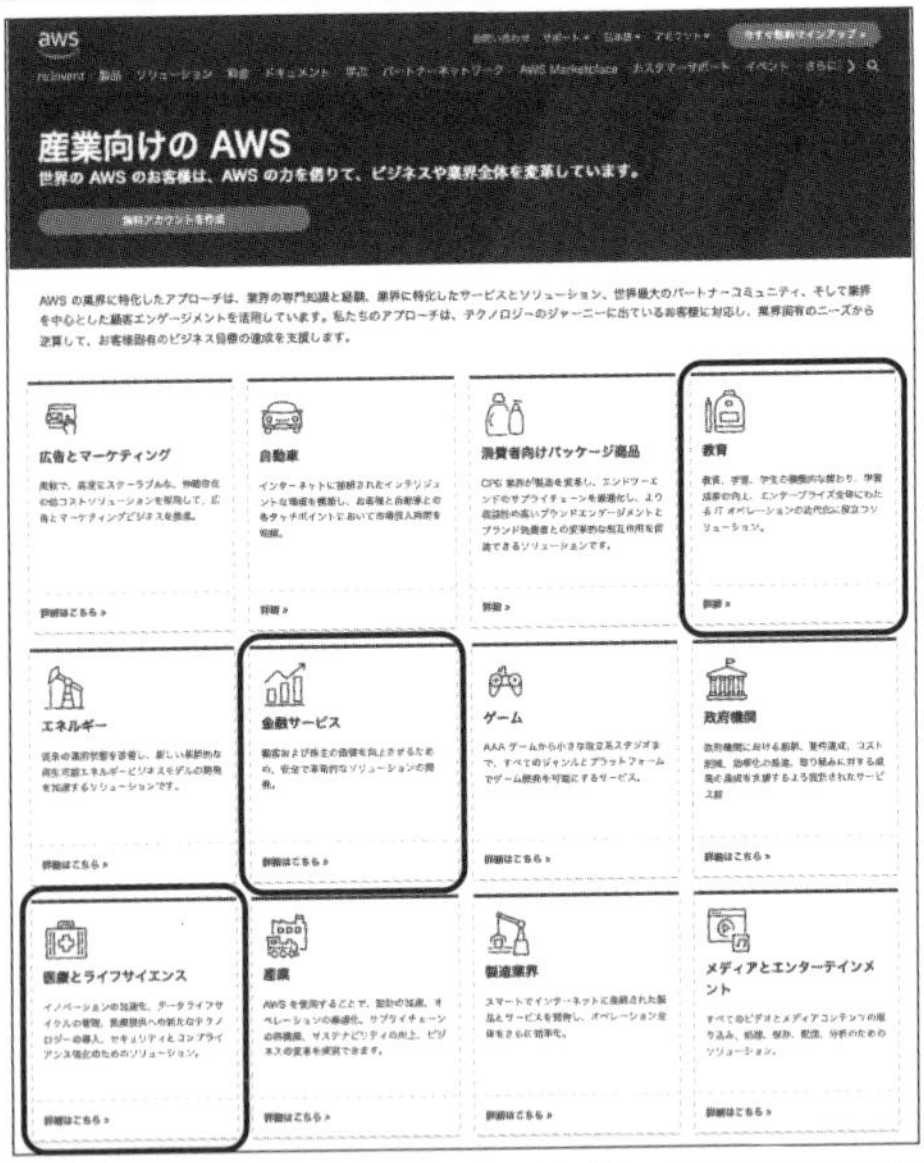

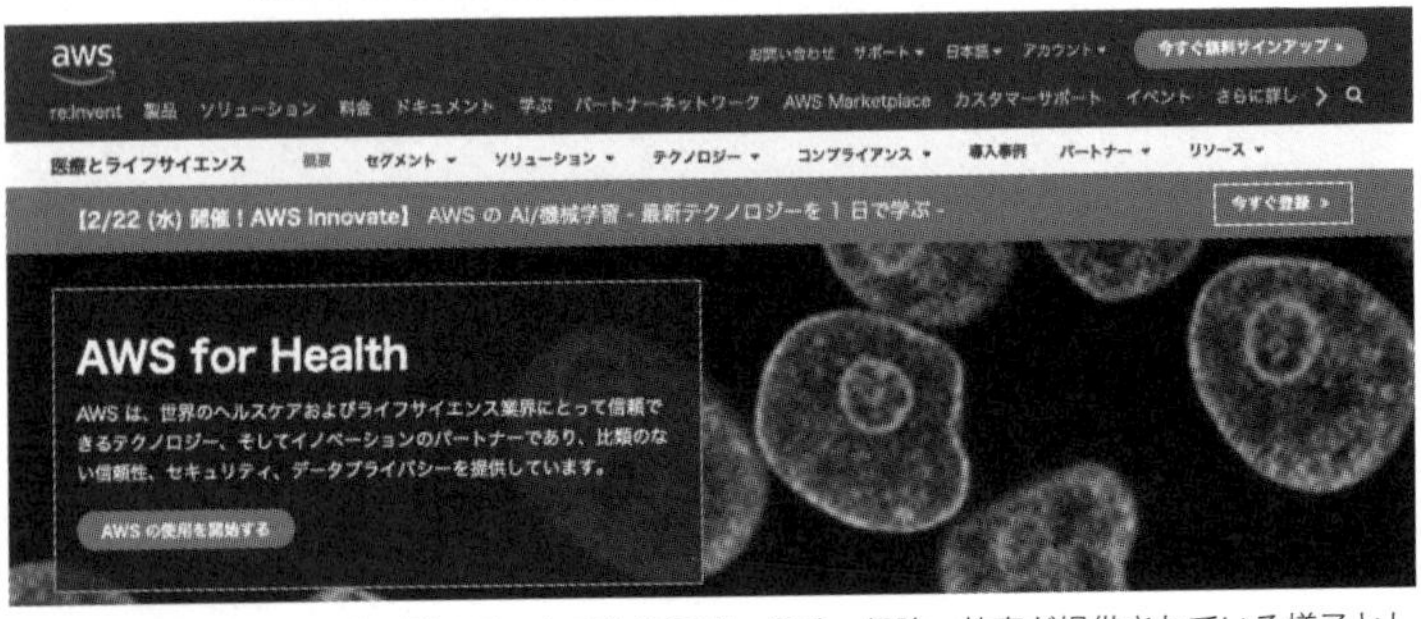

※図中の四角囲みは、重い側のデータである医療、金融、保険、教育が提供されている様子として記した

出典：上 https://aws.amazon.com/industries/
　　　下 https://aws.amazon.com/health/

■マイクロソフトの医療の例

- Microsoft Cloud for Healthcare　2020年9月ローンチ
- Nuance Communications　2021年4月に約2兆1,600億円で買収（197億ドル）発表

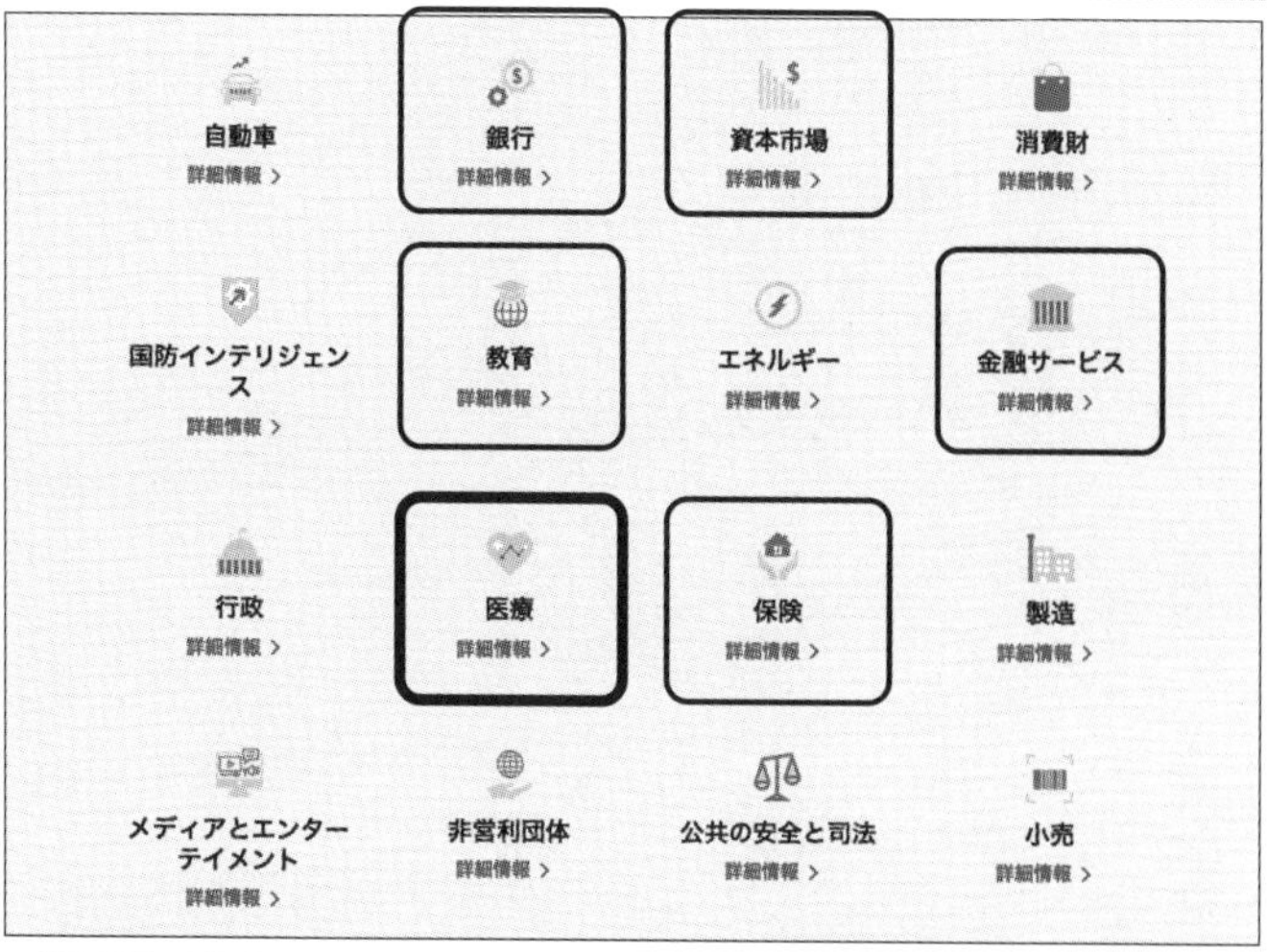

※図中の四角囲みは、重い側のデータである医療、金融、保険、教育が提供されている様子として記した
出典：上 https://www.microsoft.com/ja-jp/industry
下 https://www.microsoft.com/ja-jp/industry/health/microsoft-cloud-for-healthcare

B2Bサービス）を用意しています。重いデータ側のメニューのひとつが医療部門です。クラウド事業でアマゾンの競合であるマイクロソフトのアジュールでも同様の準備が進んでいます。いずれもこの数年の出来事として、ここに上記2社の具体的なサイトと時系列を紹介します。

前ページの図に挙げた個々の詳細は省略しますが、マイクロソフトが2021年4月に「Nuance Communications」の買収を発表したインパクトは衝撃的で、変数の予兆でした。日本経済新聞の見出しは重いデータ側である「医療」「2・1兆円」「AI」への投資としてそのヒントを掲示していました。その後マイクロソフトは重いデータ側である人の心や考え（教育）に影響のあるAIとして、23年1月に「ChatGPTを運営するオープンAI社」に約1・3兆円（100億ドル）の追加出資を発表しています。「重いデータ」側への変数が連続して表れている様子です。

重いデータを医療機関（病院）がB2Bとしてサービス利用として支払う、患者1人当たりの月額利用料は数百円規模ではなく、数千円から1万円近くにのぼります（B2Bの事業単位で累積すれば、年間では億円単位）。これら医療を預かる単価やアカウント数は減ることがなく増え続けると予想できます。垂直融合が産業規模の上から順に降りてくる構造は、**末端の周辺にある軽いデータ側をセットにして（それらを束ねて、無料にして添**

えてでも）、顧客（ユーザー）と長く太くつながる構造を新たに創造していきます。

医療事業の側面でも、事業解釈の拡張から派生する新しいマーケティングの概念が生まれている様子の紹介でした。このような定義変化を捉えて変数を見つける応用として、第5章でもさらに「目に見えにくい、気づきにくい」変化を紹介します。

データのマイナスリスク：対応コスト「DSR」の増大

「ネット利用者の保護」は、近年の日本の事業主にも当然の義務として広まってきました。この合言葉に含まれる**「企業側の見えざるコスト」**について考えてみます。

表題の「DSR（Data Subject Request）」という概念の意味合いは、「データの主体＝Subject＝個人」による、企業側へのデータ開示請求（Request）の権利を指します。なお、略称のDSRだけでなく、DSAR（Data Subject Access Request）と略されることもあります。

本節では欧米の状況を取り上げますが、その意図は、日本の現状が遅れていることを指摘したいわけではなく、本来、企業（事業主）として正面から向き合わなければならない事柄を避けていたり、あるいは取りあえずの対症療法に終始しがちなことに気づいてほしいからです。

欧米の法改正の議論をたどると、その始まりは2016年に可決されて18年5月に施行されたGDPR法なのは101ページで解説した通りです。その流れで同じ年にカリフォルニア州でCCPAの法改正が可決され、20年1月から施行されています。22年の日本の個人情報保護法改正施行は、これら欧米の予兆から6～8年遅れであることは、今後の動きを先読みするヒントを見つけたり準備したりする十分な時間が日本にはあると捉えることもできます。これは欧米にはない優位点かもしれません。

法的な「かわし技」の探求ではなく、企業姿勢としてのあり方

一方でデータの取り扱いへの**意識のゆるさ**は気づいておきたい部分です。「みなしの許諾」と揶揄《やゆ》される「クッキー取得の同意ポップアップ」のボタンを用意さえすればデータ利用の許諾が取れていると判断し、大手を振ってデータを利活用できると考える、いわゆる奪う側の発想が日本企業にはまだまだ残っているように感じます。

日本企業におけるデータの利活用とは、「攻める側」だけの（勝手な）視点のみで**「守り」の側面がない**ままでした。サッカーの試合でたとえれば、シュートを決める精度だけを上げても、キーパーが不在で失う点が多ければ試合に負けてしまうようなものです。

守る側＝防御に対する個人ユーザー側の権利が広がることで、企業側のデータ保持コス

トは現在の数倍（数十倍）に及びます。これは単なる訴訟のペナルティー費用を含んでいない、それ以前のコストであり、その額は上場企業のサイズならば年間10億～100億円にものぼる「見えていないコスト」です。さらに訴訟に発展すれば、その上に訴訟の費用やペナルティーが加算されます。

「DSR」の概念は法律ではなく企業倫理

日本の個人情報保護法の改正、GDPR／CCPAいずれも次のような共通した個人の4つの権利を具体的に提示しています。

個人からの（企業が持っている）私のデータ開示について、

・(何を持っているのか、全部) 見せてください
・(それ、これを) 消してください
・(プロファイルや情報が不適切なので) 変更してください
・(子会社であっても、調査分析であっても) 他者と一切共有しないでください

企業には今後、これらのリクエストに対応する体制とシステム投資が求められます。た

とえばＤＳＲに準じた「(私のデータを) 消去して」というユーザーからのリクエストだけでも、二重三重にわたる厳格なシステム上で「このリクエストは詐欺ではなく、本当に本人からのリクエストか」の往復確認のプロセスが求められます。

ところが、上記の往復確認のプロセスは非常に単純な１つのプロセスに過ぎず、実際は既に悪意のある「なりすまし」ボット・プログラムが「高速で大量に複雑に」走り回っています。それらを厳格にすべて排除する体制と自動システムへの投資は必須です。さらに、むやみに自社の防衛本位で厳しいシステムに特化してしまうと、「ご本人リクエスト」すらも排除してしまうという本末転倒な事例も欧米では発生しています。

企業は、この「大量・高速」の対応にあたって旧来概念の延長であるカスタマーサービスの「受理・対応」の「手作業」では到底追い着かないどころか、預かった情報を漏洩してしまう可能性もあります。ユーザーからの問い合わせ件数は、今後は激増することが予想されるでしょうし、さらに「なりすましボット」のような悪意ある問い合わせ（リクエスト）件数も増大します（132ページ参照）。ＤＳＲとしてのリクエストの６～７割はボットからという報告もあるほどです。

このことに気づいている日本企業はまだ少数のようです。実態は、企業側が主体であるデータ入手時に「長文の許諾同意文章」をポップアップで提示してＯＫボタンをクリックさせ、そのことで許諾を得たとしています。このプロセスは「許諾」を数多く取る意図が主体（前節の例でいうサッカーのゴールを狙う側）であり、「だまし」の意図すら感じるほどです。

ＤＳＲのユーザー側を保護する権利は、「そんな利用のされ方とは思わずＯＫボタンを押しただけだった」の心理ギャップを、ユーザー側が気づいたときに提示できる権利です。企業側からすれば「後出しジャンケン」と主張すれども、そもそも企業側による「だんまり、しれっと、許諾を集めてたよね」のユーザー側の（反論の）声を汲み取ったのがＤＳＲの概念です。

このユーザー側によるＤＳＲの概念への「目覚め」「真っ当な権利」について、現在の企業側の立場や心理では、次の3項目に注意しておく必要がありそうです。

・ポストクッキー「対策」という対症療法の罠

「軽いデータ」側にビジネス基盤を保持し続ける、大資本のグーグル／フェイスブックなどのプラットフォーマー側が流布する「これまで通りの広告訴求の継続効果を保つ、代替案はコレです」と推奨する「対策論」に鵜呑《うの》みで飛びつかない冷静な目を持つ必要があります。

・法規制に追い着く姿勢ではなく、法規制の先を行く自社の姿勢

日本の個人情報保護法の改正に従い、「いつから始動」「どのような罰則が」と確認する行為は、正しい処理を行っているようでいて、受け身の姿勢です。たとえば、「掃除をしないと罰を与えます」と先生に言われてから、その罰則回避だけを考える子どもの様相に似ています。自社（自分）のあり方（姿勢）として「教室を美しくしたい」と思うのか、それとも「罰則があるから掃除をする」のか。企業姿勢として、法規制の前を引っ張るのか、後ろから着いていくのかを考えておきたいところです。

・法務アドバイスは「今のところセーフ」のガイドラインを示すのみ

自社の法務部と法律事務所コンサルの外部からの意見は、「現状の白黒判断」を提示してくれるものです。自社の将来の理想像を描いたり、「先行投資」で示唆したりするアドバイスは、過去や現在の基準では「不要なコスト」と判断されかねず、耳が痛い指摘は避けられる傾向があります。ユーザーと真っ当にどう向き合うかは、法務部や決定部署の役目とする他人任せではないはずです。顧客と対面する社員一人ひとり（自分）の意志や姿勢こそが、「どんなお行儀が自社らしいのか」の法規を作る土台になると考えます。

ファースト対ゼロ？

既にアメリカのブランド事業、リテール事業、B2Cの領域では、ユーザーデータの捉え方において**「ファースト対ゼロ」の二極化**が意識され始めました。ともすればファーストパーティ・データへの注力化が重要視されますが、ゼロパーティと呼べるような意識が生まれています。

不特定多数向けのコモディティー商品・サービスを提供する単価の低い（購買頻度は多い）事業主や、旧来型の量販ビジネスモデルを起点とする事業主（軽いデータ側）には、「既存データの利活用主義」であるファーストパーティ・データ派が強く残ります。

一方で、特定のユーザー向けの「高単価」「高LTV」「ブランド価値」や、「新・未来事業」を標榜する事業主（重いデータ側）では、ゼロパーティ・データ派に向かっているような傾向があります。

ファーストパーティ・データとゼロパーティ・データの区分

ファーストパーティ・データは「Behavioral & Transactional Data（行動データとトランザクション・データ）」と解釈され、ゼロパーティ・データは「Trusted Data（ユーザーと相互信頼のあるデータ）」として区分されます。この造語はアメリカのフォレスター・リサーチ社のアナリストが２０１７年頃に提唱したことから広まりました。

ファーストパーティ・データとは多くの場合、販売時やフォームの入力時に収集された住所や生年月日などの登録データが、その後の購入履歴や行動履歴などの日々のやりとり（トランザクション）と結び付けられたものです。ロイヤリティ・プログラムやメンバーズ・ポイントなどもこの範囲内です（自社内に転がっているデータともいえます）。

一方のゼロパーティ・データは、前述のフォレスター・リサーチ社の定義によると、「ユーザーや消費者が意図的かつ積極的にブランド側と共有するデータのこと。たとえば『個人の購入プリファレンス（好み・傾向）』や『個人的な背景やコンテキスト（文脈）』などを含み、さらに『個人がどのようにブランド側に自分を認識してもらいたいか』などの『意思』が含まれる」としています。データ主体本人（消費者やユーザー）側の「○○したい」

■ゼロパーティ・データとファースト、セカンド、サードとの区分イメージ

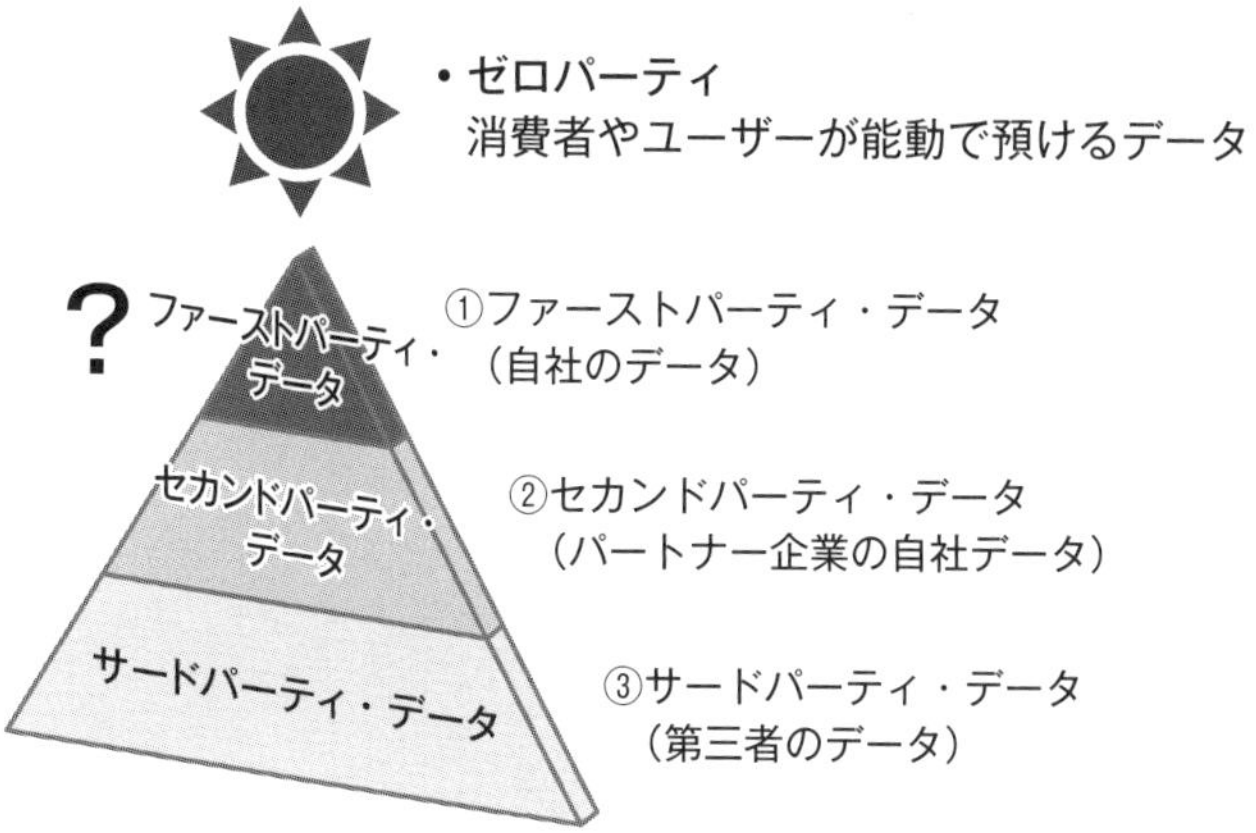

意思を、企業側と共有した「同士の立場になる」姿勢が鍵になります。

「許諾は取った」は本当か、その姿勢で良いのか？

企業側が「許諾を取った」と言い張る、現在の収集された社内データは、ユーザー側から見れば「本人の明示的な利用許諾」を得たデータとは言いにくい種類です。これらがファーストパーティ・データとして社内（企業）で保有されています。

たとえば、ユーザー個人が後に「そんなつもりはなかった」と主張することもできる余地が大きく残ります。ほぼ誰も読まない長い長い「同意書」をスクロールした上で「同意」をクリックしたことで「あなたは同意し

ましたよね」と言われても、「個人データをそのように利活用（バラマキ）される覚悟はなかった」と押し戻せる、不親切なプロセスや姿勢が存在するからです（前出「ＤＳＲ」で指摘されている部分）。

このような企業活動の「なりゆき」で社内に蓄積されたデータ（トランザクション上でのデータ＝ファーストパーティ・データ）こそが、ＧＤＰＲやＣＣＰＡ基準にひっかかるだけでなく、２０２２年春から稼働した日本の改正個人情報保護法にもそぐわない種類と解釈されます。

さらにいうと、これらのデータ価値とは「推量（本人の知らないところで勘ぐる）」を利用目的としたデータであり、ユーザー（私）本人の心底にある「〇〇したい」意思までは理解できていない軽いデータ側である点を強調しておきます。

ゼロパーティな関係とは？

ブランド企業側のマーケターにとって、ユーザーや消費者と直接のつながりを持つゼロパーティ・データを収集するプロセス（例：キャンペーン施策でのお申込みフォームなど）は、表面的にはファーストパーティ・データの収集と同じプロセスに見えがちで、区分が難しい分野かもしれません。

たとえば知人とのSNSアプリ同士での連絡先交換と企業アプリへの連絡先登録では、相手が入手した情報は同じ「あなたの連絡先」で、なおかつ似たようなスマホアプリ経由であるという類似点があります。大きな違いは、**情報を入手する側の（企業側の、交換側の）内面的な考え方や姿勢**で見分けられます。ゼロパーティ・データの企業側の姿勢は、データの主語（主権）が「ユーザー側（あなた）」であり、その意思を企業側がユーザー側の「御用聞き」の受動姿勢から関係をスタートさせる心意気が存在します。

これに対してこれまでの企業データの主役と思われていたファーストパーティ・データとは、あくまで「自社が」主語である点が大きく異なります。自社サービスの効率向上を目的として、登録情報（トランザクション過程のデータ）などから自社の売上向上のために効率的に推量する立ち位置がファーストパーティ・データとされます。

このような「データの預かり方」「許諾の取り方」に違いが生まれるのは、そのデータを預かった「その後」に、**どのような世界を描いているかの目的や座標の違いから逆引きで生まれてくる違い**です。ユーザーとの間で認識の違いを生まないためにも、「（データの）利活用」という企業主語の言葉を対外的には（もう）使わない姿勢を企業側には提案したいと思います。

ファーストパーティ・データの乱用例

ファーストパーティ・データとゼロパーティ・データの区分を、夫が妻の誕生日に「花を贈る」という事例で説明してみます。

夫は妻の誕生日は知っていますし、去年の誕生日に花束を贈ったら喜んでいた（気がする）のを知っている立場とします（ファーストパーティ・データ＝共に生活していて共有されているデータ）。夫は、今年は「奮発」して30万円分の花束を妻にサプライズで贈ったとしましょう。けれども、花束を受け取った妻から返って来たリアクションは、「ええ、こんなに花を買うのなら、バッグがほしかったのに……」という期待はずれなものでした。

この例は、夫が妻との同居を通じて「妻の誕生日」「花が好き」「昨年の誕生日で花をプレゼントしたら喜んでいた（と思う）」という生活上で得た妻のデータ（取引上で発生して勝手に得たデータ）を、「許諾済みのはず」と勝手に解釈して利用した例です。夫は（良かれとの思いで）上記データをクロス集計にて「誕生日に、大きな花束を昨年比の3倍でプレゼントすれば喜ばれるだろう」と予想していたわけです。

この痛くもほほ笑ましい例は、夫が妻のファーストパーティ・データを「乱用」している状況とも考えられます。夫は良かれとの思いでしたが、妻のゼロパーティ・データ（妻自身の気持ちや意思、都度都度の状況）を相互で共有や確認することなく、ファーストパーティ（直接）の関係から勝手に得たデータを振りかざしている（許諾済みと言い張る）状況です。「今年の誕生日にお花を贈ろうと思うのだけれど……」という、事前にゼロパーティな「関係の会話」「お伺い」がほしいところです。

データ活用のリスクを DSRの視点で管理する

この数年、ウェブサイトを訪れたときに、データ活用の「みなし許諾」を求めるポップアップ画面（訪問サイトのクッキー利用への許諾）に遭遇することが増えたことを実感します。

繰り返しになりますが、これらはすべて（ゼロパーティではなく）ファーストパーティ・データの収集意図（の施策）であることを理解しておきましょう。

このポップアップ表示は、企業活動を主語とした入り口で、企業のデータ活用目的のための「せめてもの礼儀」を法令に後追いで出している姿勢に過ぎません。さらに企業側で気づいておきたいのは、**企業内部でデータ保有後の資本コスト（負債コスト）への出口対応（どのように回収するか）は考えられていないままの「取りあえず集めておけ」の施策である**点です。

DSRの姿勢とそのコスト規模

「攻め」のデータ利活用を図るならば、同様に「守り」としてユーザーからの「データ閲覧の要求」への対応を準備する姿勢が求められます。この部分に登場した概念がDSRであり、この概念に企業側が「受け身」で追われているか、それとも「能動姿勢」で望んでいるかで、くっきりとした企業活動の利益収支にも違いが見えてきます。データへの責任支出コスト（リスク管理）と、データとともに成長する伸びしろとの両極が今後は大きな関心事になります。

データへの責任コスト（DSRコスト）の例として、アメリカのDataGrail社の調査では、B2C企業の場合は、100万件のデータ保有当たりに年間約266件のDSR対応が発生するとしています（2021年）。そのDSRの1件当たりの対応コストは平均約20万円（1524ドル）とされており、これを年間に換算すれば約5200万円（40万ドル）に相当します。500万件のデータ保有ならば、約2・5億円の維持費がかかることになります。また、Sapio Research社の調査では、DSR対応「単価」を先ほどの3倍以上の額になる5350ドル（約70万円）と設定しています。

■ **企業が100万件データを持つとDSRの対応件数が年間266件にのぼる様子**

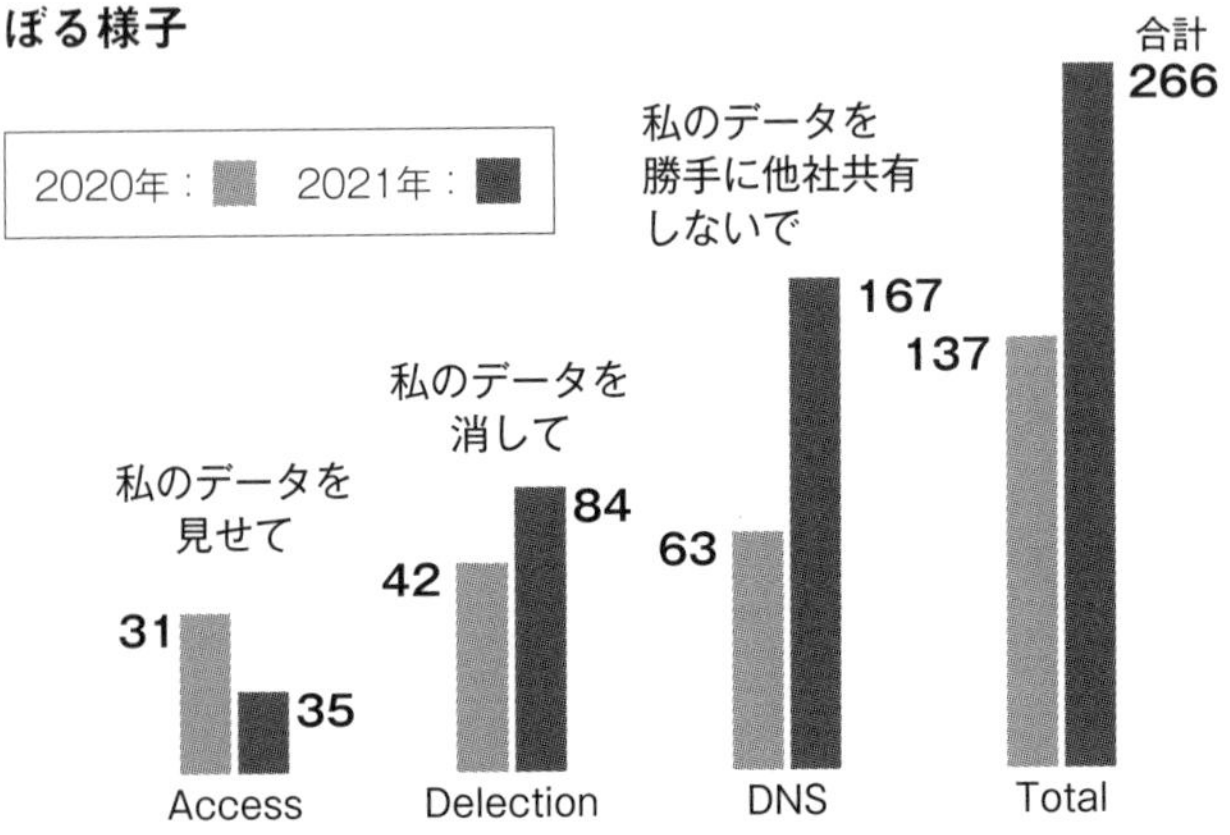

出典：DataGrail「Data Privacy Trends: A CCPA Report」をもとに作成
URL：https://www.datagrail.io/resources/pdfs/2022-data-privacy-trends/

これらの単価や件数は、今後は激増することが予想されるでしょうし、さらに「なりすましボット」のような悪意ある問い合わせ（リクエスト）件数も増えます。

ゼロパーティ・データをキーワードとして、売上獲得とばかりにリーチを増やすあまり、「億円単位」の信用失墜にならぬよう、「防御」に対する「投資」が日本でも求められています。

実は日本企業こそが他国企業と比較すると、「防御」への意識と行為は得意かもしれず、この分野においてむしろ世界に向けて先手で登場する企業姿勢を期待したいと思います。

「二人称デバイス」との対面データ摂取から「一人称デバイス」の中の自分データとの対話へ

コンテンツ（データ配信）事業における大きな地殻変動は、ウェブ1・0とされる一方通行の閲覧から、SNSの登場によりウェブ2・0の双方向のコンテンツの可能性が定着し、現在は（まだ漠然としていますが）ウェブ3として大手集中型ではない分散型の構造が認識され始めました。

これらはすべて、スマホやパソコン、スマートTVなどのデバイスを経由している状況には変わりありません。すなわち、新しい環境（関係）として、**デバイスが「二人称から一人称」へとシフトする**イメージの紹介です。これまで人々は、コンテンツ視聴やオンラインでのコミュニケーションとは、目の前の「スマホ」を筆頭に「デスクトップ」「テレビ画面」や、「新聞や雑誌」という対面の画面モニターやデバイスを通して「見る」「聞く」「返事する」という情報入手や接触を行っていました。

この状況を筆者のたとえで、「私（一人称）」に対する「あなた（二人称）」のように、

「私」に対する「画面のコンテンツ」の様子を、さながら「二人称」の画面と対面して会話している、と形容してみました。コンテンツ提供側のこれまでの広告メッセージやマーケティング目的のユーザーとの会話とは、ほぼこのような対面関係でした。そして企業側が起点となるコンテンツや広告（コミュニケーション）が二人称の画面に音声付きで流れる状況でした（「一人称と二人称の画面」の関係は第5章で事例を紹介します）。

この対面画面の環境に旧ウェブ2・0の概念がかぶさることで、「なるべく瞬時に！」「なるべくその人の文脈に沿って！」と、ユーザー側に寄り添った訴求をしたい気持ちはあれど、実情はターゲティングされたコンテンツや広告などは、「放映枠」「紙面枠」「ユーチューブ枠」「スマホのSNSアプリ」などの設定された枠にCM（広告、メッセージ）作品を「最適化」と称して押し込むだけでした。RTB（リアル・タイム・ビディング）経由やプログラマティック設定などが進化しても、旧来の「新聞紙面15段枠に版下をはめ込む」作業と、「型に押し込む」という意味では、準備期間が短縮されたのみで大差なく、同じ「対面の二人称枠」に押し込んでいるように思えます。

この旧来の「(二人称の）画面」に対して、筆者がたとえる「一人称（私）」の状況とは、たとえばメタ社の『Quest』をかぶったメタバースの中や、オンラインゲームの『Fortnite』や『Roblox』上で既に成立している関係です。これは、データの中にいるデータの私から見た環境（コンテンツ）を指します。「一人称」のデータの中の世界を、まるで1999年の映画『マトリックス』で登場した「現実は夢だったのか、それとも夢と思っていることが実は現実なのか」と区別が付かないような世界にたとえてみました。

メタを超えるVR／ARデバイスと空間

既に映画のストーリーでの絵空事ではない例として、テスラ車の車内空間がまさにそのデータの中にいる「一人称」な状況を具現化しています。テスラ車デバイス（の中、乗車時）において、たとえば「箱根の温泉旅館まで自動運転で行く」とFSD設定（Full Self Driving）する状況とは、自分自身の気持ちに添った一人称データを入力しつつ（例：旅館に直行せず、富士山を見ながら回り道をするリクエスト）、それに即したコンテンツ映像（例：富士山の景色）を見ながら、「安全に」「リラックスした」自分が存在できます。

これぞ、**私の意思とテスラの提供データが作るコンテンツデータの中に、リアルの自分が一人称コンテンツを受けている（味わっている）状況**です。車内から見える形式や体感は、まるで「テスラゴーグルを付けて富士山を見ている」状況に近いのかもしれません。

単にテスラ車の窓から見える景色を受け身で（対面）画面を鑑賞するようなドライブ映

像だけでなく、テスラ車の実走の環境では、リアルタイムに突如降ってくる雨に見舞われたり、路上に飛び出す動物やきれいな虹が出ているなどの情報が一人称の自分へ向けて飛び込んできたりします。そのリアルタイムの出来事の度にテスラ・デバイスが「臨機対応する、反応する」という行動をする結果、リアルの私（ユーザー）はその情報を受け取り、感動したり、安心できたり、次の行動のアイデアが生まれたりします。これは、テスラ・デバイスが提供する情報が、「自分そのもの（自分の行動がコンテンツ）」に進化している様子です。その自分の延長＝テスラ・デバイスの向こう側には、テスラが「道場」で進化させているＡＩがデータを管理している（してくれている）のです。

この一人称の「コンテンツ」は既に膨らんでいて、テスラ社はアマゾンやグーグルが追い着けないほどのゼロパーティの安全データ（命に関わるデータ）にリンク（変換・紐付け）して一人称のデータを（あなたとして）積み上げています。「許可した覚えがない」という後ろめたいデータではなく、「私の走行の安全データ」をどの企業よりも積み上げているのがテスラ車のＦＳＤサブスクサービス（月間１９９ドル）なのです。私の運転走行の「癖」と全世界のテスラ車から集計されるデータをもとに、私の安全（快適）な空間コンテンツはテスラがプッシュ提供したものではなく、私がテスラとともに積み上げた空間を味わっているのです。なお、テスラ車については第5章でさらに詳しく解説します。

第4章

マーケティングはどう変わるか？

究極の消費者主義
個人を特定しても意味がない一人十色

基本的にマーケティングでは消費者を「群」に分けてきました。大衆の時代ではそれすらも細かく分ける必要もないくらいだったでしょう。日本という市場は同一性が極めて高いからです。アメリカの市場をエリアや人種などの属性で20に分けたとすると、その1つくらいが日本市場に当たります。

こうした効率の極めて高いマスマーケティングが揺らいできた頃、ワン・トゥ・ワンマーケティングなる概念が提起されました。もちろんB2Bやダイレクトマーケティングの一部ではワン・トゥ・ワンに近いことが行われていたと思いますが、マススケールでワン・トゥ・ワンを実現することが標榜されたのです。

群れを分けていくと、当然最後は一人ひとりになります。「十人十色」は究極のマーケティングとして、技術がこれを可能にすると高らかに宣言されたのですが、実はこれは究極とはいえませんでした。

■SNSでの購買行動における「インフルエンスファクター」

出典：トレンダーズ株式会社プレスリリース「トレンダーズ、SNSにおける購買行動の分析メソッド『インフルエンスファクター』にもとづいたプランニング提供を開始」をもとに作成
URL：https://www.trenders.co.jp/news/2412/

先に結論をいうと、十人十色どころか、**一人十色にもなるのが今の消費者**です。

これに関しては、SNSによる情報取得と購買行動のパターン分析をしたトレンダーズ社の「インフルエンスファクター」で検証できました。

この「インフルエンスファクター」は、SNSによる情報取得と購買行動を縦軸にヒトかモノか、横軸に個人や世の中かでマトリックスを作り、左上を「オーディエンス」、左下を「ナレッジ」、右上を「トラスト」、右下を「ディスカバリー」と名付けて購買パターンを分類したものです。

これは、「どのような属性のヒトが

こういうパターンを取る」ということがいえません。それどころか、対象商品のカテゴリーや価格帯が違うと、同じヒトが違う行動パターンになることがわかっています。

この分類はそれぞれにコミュニケーションの仕方を最適化するには都合のいいものなので、マーケティングの戦術的にはターゲット分類にもなります。

消費者をセグメントしても、それぞれにターゲティングした施策が打てないと意味がありませんから、この分類法は実践的なのです。

究極の消費者主義

同じヒトが商品カテゴリーや価格帯で購買行動パターンを変えてしまいます。しかし、それも不安定で、世の中の多数派であることで決めていたヒトが、ある特定の人の感性にハマってしまう可能性もあります。こうなると、多額のコストをかけて「1人」を突き止めても、適切なコミュニケーションの仕方が何なのかがわかりません。ワン・トゥ・ワンマーケティングは情報取得や購買行動パターンが変わらないブランドに限って有効ということになります。

これを筆者は**「究極の消費者主義」**として捉えています。モノや情報の「送り手」と「受け手」の関係は、主導権がどんどん「受け手」に移っていきましたが、特にモノやサービスに関しては「送り手」の情報より、はるかに同じ立場にある消費者の情報が重用され、影響力のある消費者が「送り手」のパワーをしのぐまでになりました。

この状況がマーケティングの考え方そのものを変えざるを得なくしているのです。

マーケティングファネルは通用しない

従来、広告業界にはAIDMAの法則が根付いています。これは1920年代にサミュエル・ローランド・ホールが広告の実務書に書いた消費者の心理プロセスで、実に100年近く前のことなのです。近年、電通が提唱したAISASもインターネット時代を意識したプロセスにはなっていますが、ファネル（漏斗《ろうと》）構造で説明しているのは変わりないかと思います。

しかし、このファネル構造で消費者の心理や状態を説明するファネル理論は、はっきりいって破綻していると筆者は考えます。つまり広告代理店としては常にAから始まる流れを提示したいところなのですが、マス広告、特にテレビCMでの認知をスタートとする流れだけではなくなったのです。一生懸命ファネルを、蝶ネクタイを縦にしてみたりするのですが、ファネル理論では複数の流れを説明するようにはできていないので、無理があります。また、インフルエンサーの影響力や消費者のSNSによる情報感知パターンをコミ

■マーケティングファネルの破綻

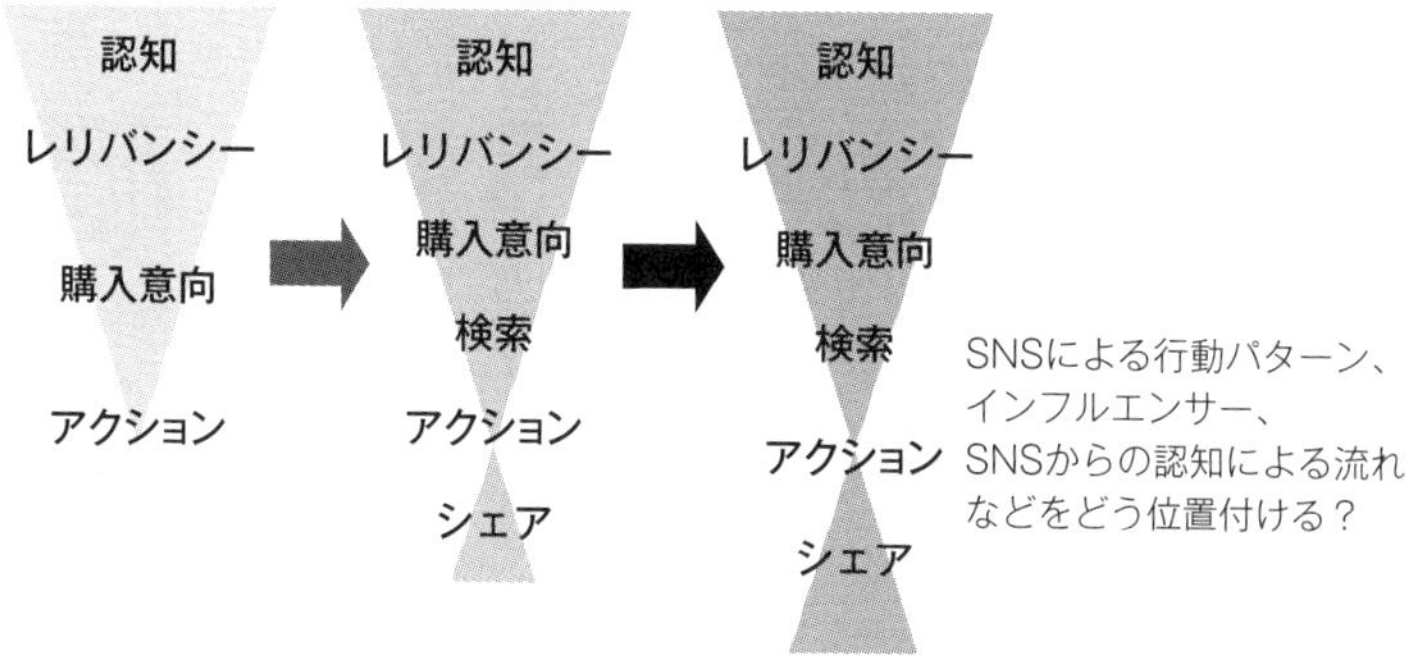

ユニケーション設計に応用することを考えると、単純に購買後のファネルに新たなファネルを描いてもSNSによる消費者のパーセプションや行動を的確には反映できません。つまりは現代の状況をファネルだけで語ることはできないのです。

「双六型」から「ビンゴ型」へ

近年マーケティング業界用語として普及したカスタマー・ジャーニーという概念も同様です。そもそもすべてのコミュニケーション対象者をいったん「双六《すごろく》」の振り出しに戻して、全員が同じステップを踏んでいくのは現実的ではありません。

全員を1つの流れの中に入れる「順列」ではなく、いくつかの「組み合わせ」で考えてみましょう。いってみれば**「双六」型から「ビンゴ」型に転換する**のが

■双六型からビンゴ型へ

筆者の提案です。

ビンゴカードは、購買意志を決定するための、パーセプションが番号の形で入っています。市場導入されているブランドでは、既に穴が開いているカードもあるはずです。あとどんなナンバーのパーセプションが開けば「ビンゴ！」になるのかを考えて、何枚かのカードを想定してみます。

このとき、前もっていくつかのパターンをひな型にしてカードを作るやり方があります。ビンゴカードを作る方法論です。これにはいろいろな手段がありますが、１つ紹介すると、前述の「インフルエンスファクター」を応用します。「インフルエンスファクター」はＳＮＳでの情報取得と購買行動パターンの類型化ですが、これはマス広告を含むコミュニケーション設計全体でも応用が利きます。

簡単に説明すると、まず４類型（ヒト・モノ軸×パー

■「ビンゴ型」マーケティングとは？

人によって「購買を刺激するポイントが違う」ことを、
人によって「穴に書かれている番号が違う」ビンゴになぞらえた
新しい考え方

ソナル・世間軸）からなる、オーディエンス型、トラスト型、ナレッジ型、ディスカバリー型の4種類でビンゴカードを設計します。やっていくと、同じ型で複数のカードができたり、この型では設計しにくい場合があったりしますが、やみくもに考えるよりもはるかに設計しやすいのです。

このビンゴカードの設計は、ある意味でコミュニケーションターゲットの設定ともいえます。たとえばAというビンゴカードでは、②と④と⑥というパーセプションがそろうと「ビンゴ！」になるとします。この3つのパーセプションを持ってもらう施策やコミュニケーションメディアおよびメッセージをプランすることが、ターゲットAに対する攻略法です。

よくペルソナを作ってターゲット像を浮き彫りにしようとすることがありますが、そもそもそうしたヒトに購買意向を持ってもらうためには何をしたらいいかは、すぐには発想しづらい場合が多いと思います。どんな認識、どんな感覚、どんな印象などを持ってもらうことが購買意思決定要因で、特に最後の「ビンゴ！」ナンバーは何番かを議論するほうが実践的ではないでしょうか。

広告コミュニケーションも受け手主導へ

「コミュニケーション」の主導権が「送り手か」ら「受け手」に移ってきたことはいうまでもありません。電話はかけるほう（「送り手」）がコミュニケーションを成立させる時間を決定しますが、メールは開けて読む「受け手」が決めます。電話からメールやメッセージアプリがコミュニケーション手段の主役になったのは「受け手」が主導権を握るようになったからです。テレビ番組も編成権は今や視聴者にあって、テレビ局にはありません。

マーケティングコミュニケーションでもブランドと消費者間の力関係は「受け手」である消費者の力が圧倒的になりました。

そういうメガトレンドにあって、さらにSNSが拍車をかけました。ますます企業側のメッセージの力は弱くなりました。「受け手」だったはずの消費者は発信力を得てブランドを凌駕してしまいます。

そういう状況でも昔ながらに、「USP（ユニーク・セリング・プロポジション）を伝える」だの、「刺さるメッセージを作ろう」という声があるのは、いまだに「送り手」主導の幻想があるからです。「刺さる」という言葉自体がそういうスタンスを表しています。

ベネフィットをエッセンスに昇華させる

筆者は、かつて次ページ図のような**「プロダクトコーン」**という概念図を教わりました。この概念図は、まさに「刺さるメッセージ」を作る構造図です。まず商品にはスペックがあり、それによって消費者が得られるベネフィットがあります。しかし、それだけでは「刺さらない」ので、ベネフィットをエッセンスに昇華させてコミュニケーションしようという考え方です。テレビCMは15秒しかないからあれこれいわずに刺さる表現を開発しようといっているようにも受け取れます。

これを具体的に説明するために、たとえば電気掃除機の新型が出たとしましょう。新型の掃除機は60デシベルしか音が出ないとします。これがスペックです。この静かな掃除機で得られるベネフィットは集合住宅でも夜に掃除ができるということです。しかし、これだけでなくもっとエモーショナルに訴えるために、夜掃除ができてしまうので、昼間に子どもたちと遊ぶ時間ができて「幸せな時間」が増えることを表現します。これがエッセン

■プロダクトコーンから＃○○の共感型コミュニケーションへ

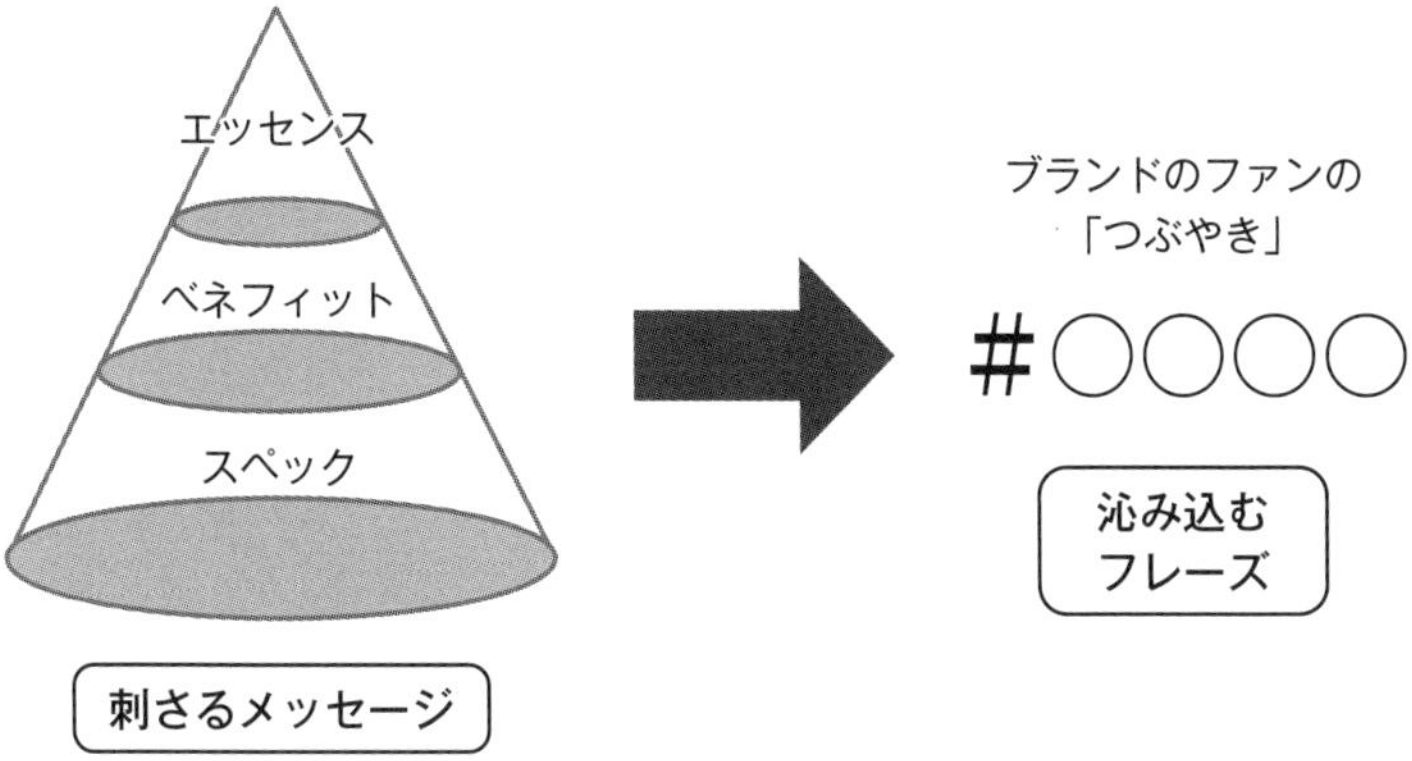

スです。

基本「刺さるメッセージ」とは、送り手ベースで作り込んでいくものです。昔はよく広告メッセージをラブレターにたとえましたが、この考え方ほどうっとうしいものもありません。送り手は必死に売り込みますが、過度な熱量で来られるとかえってネガティブになってしまうものです。

一方で、ＳＮＳ上でそれとなく、そのブランドのファンらしき人のちょっとした「つぶやき」に触れたとします。「売らんかな」で必死な送り手ではない同じ立場にある消費者たちの言葉は何気にしみ込んできます。たとえば、「この車のボディライン好きなんだよね」というようなつぶやきには自然に「なるほどそういうところがいいんだ」と感じてブランドに好印象を覚えます。

そう考えると、ブランドのファンのつぶやきを探索すれば自然に沁み込むコピーの元が発見できるかもしれません。

このように広告コミュニケーションも受け手主導になっています。「刺さるメッセージ」という時点で時代錯誤といわれかねないのです。

SNSを起点とするコミュニケーション開発

マス広告全盛の時代から、広告コミュニケーションの開発手法はテレビCMプランを中核に作られます。それどころか「CMプラン」というアウトプットに向かって論理を組み立てていきます。

基本は「課題発見」からスタートし、「コンセプト」⇓「コア・アイデア」⇓「全体戦略」と組み立てるのが常道で、コア・アイデアを起点にいろいろな施策に展開するのですが、広告主はその中でも特に**「CMプラン（クリエイティブアイデア）」**で選びます。いくらコンセプトワークが素晴らしくてもテレビCMがどんな表現になるかが大事で、極論どんなタレントを使えるかでプランが決まってしまうこともあります。

広告主からすれば多額の出稿料をかけるテレビCMですから、最も重要な選定要件であることはわかります。しかし、それはテレビCMが広告コミュニケーションの核になっていたこれまでの場合です。テレビが主でデジタルが従であれば、まずはテレビCMのクリエイティブを決めてという順番でしょう。ところが、今ではテレビＣＭを使う広告主でも、メディアの投下量としてはデジタルのほうが多い場合もあります。デジタルが主で、テレビが従ということです。

このケースでは何から決めるのがいいのでしょうか。デジタルといっても使うのは動画だったりします。動画ＣＭなのだから、やはり従来通りＣＭクリエイティブ案として、ここから決めていくのでしょうか。

これは、テレビやデジタルに担わせるそれぞれの役割によって変わってくるともいえます。たとえば、デジタルを主役とすると、認知経路の出発点をテレビＣＭとしないケースも出てきます。テレビＣＭは既に認知しているブランドを「多くの消費者にも認知されているのだ」とターゲットに認識させ、最後に背中を押す役割になることも考えられます。

こうなるとテレビＣＭから決めるというのはいささか問題で、**コミュニケーション戦略全体を評価して、デジタルクリエイティブの表現からテレビＣＭのクリエイティブまでの有機的な連携シナリオを選定理由とすべき**でしょう。

たとえば、デジタル動画ＣＭから作っていくとします。しかもターゲットごとに配信しクリエイティブを分けることを前提にターゲット文脈ごとにポイントとなるメッセージの異なる動画ＣＭを作り、デジタル広告なのでその反応を調べていきます。そのデータをも

■クリエイティブブリーフの例

広告の目的	この広告で何をしたいのか
ターゲット	誰に伝えたいのか
USP	何を提案するのか　メッセージは何か
消費者インサイト	消費者の琴線に触れることは何か
トーン＆マナー	どんな雰囲気でどう表現するか
ネットインプレッション	最終的にどんな印象を残すか

とに最適なテレビＣＭ案を作るプロセスです。

またはデジタル動画とテレビＣＭの双方に接触した人が最も購入意欲を持つ組み合わせになるようにＣＭクリエイティブを作る発想です。

このように、広告コミュニケーションの設計にもデジタル時代（ＳＮＳによる消費者主導時代）のプロセスがあるのです。

SNS時代のクリエイティブブリーフ

以前からテレビＣＭのクリエイティブ作りには、ブランド側（送り手）が消費者にどう伝えたいかを整理する流儀があります。上図のような**クリエイティブブリーフ**というものです。

ところが、このクリエイティブブリーフはブランド側が消費者に何をどう伝えるかという、基本送り手が

■SNS時代のクリエイティブブリーフ

広告の目的	この広告で何が共有できるか	ファンを作る、増やす
ターゲット	共感してもらえるのは誰か	反応する人がターゲット
バイイングプロポジション	買う人にとっての価値は何か	人によって違う価値
共感インサイト	共有できるツボは何か	「それだ！」と気づく共感ポイント
トーン＆マナー	共感されるエモーショナル要素は何か	映像・色彩・音楽・ムード……
買う理由付け	買う自分への言い訳になっているか	受け手主体の沁み込むフレーズ

まだ主導権を握っていた時代のものです。特にＵＳＰという概念は「送り手」が考えるブランドの良さであり、これであれば消費者は動くだろうと想定するものです。初めて市場に出す商品では仕方がないとしても、既に市場にある商品に改めて価値を訴求したいとき、その答えはＳＮＳにあるといえます。

今後はコミュニケーション設計の起点になる情報をＳＮＳから仕入れることが常道になる場合が多くなるでしょう。その場合のクリエイティブブリーフを想定してみます。

広告の目的はそうそう変わるものではないので、ＳＮＳ時代でも「広告で何がしたいか」であることは変わりません。**ただあえてファンを作れるか、増やせるかがより意識されます。**

ターゲットも想定することは大事ですが、ＳＮＳ時代はターゲットを「送り手」が決めるというより、**ブランドに何らかの反応をしているのがターゲット**といえます。ターゲット像を勝手に作り上げると、「想定」ではなく「妄想」になります。そもそも存在しないターゲット像を作らないことです。

そして一番大切なのは**ＵＳＰという概念の転換**です。セリングではなくバイイングプロポジションというように、視点を「買い手」サイドに持っていくことです。バリュープロポジションという概念がありますが、これも「買い手」にとっての価値という意味です。

もうひとつ重要なのは**買い手の価値はユニークではない**ということです。人によって違う価値、複数の文脈にどう対応するかは１つのＣＭクリエイティブでは解決できません。コミュニケーション戦略全体で対応する中でＣＭクリエイティブはどんな役割を持つかを明確にすることです。

次に、「共感インサイト」と表現しましたが、これも「消費者インサイト」であることに変わりはありません。しかし、消費者という同じ立場にある人たちと共感の「ツボ」が同じであることを意識できるとさらに良いのです。

トーン&マナーは、基本的には従来のクリエイティブブリーフと変わりませんが、これも消費者が「共感する」エモーショナルな要素とは何かと思考します。

従来のクリエイティブブリーフにはない要素として、「買う理由付け」を加えました。これは自分への言い訳（エクスキューズ）です。比較的高額商品だと購入決定の最後に「購入者の自分への言い訳を用意してあげる」ことが重要です。どういうことを言い訳にしているかもSNSから情報を取れます。

SNSには貴重な情報やアイデア、ヒントがあります。化粧品などのカテゴリーではSNS施策は欠かせないものになっていますが、SNSプロモーションがまだまだマーケティング投資でのシェアが低いカテゴリーでも、コミュニケーション戦略全体を設計するための起点となる情報、ファクト、コアアイデアをSNSから取得できるようになりました。ブランド側から見れば自らは実施できない極めて大規模な調査をしてくれているようなものであり、これを使わない手はありません。

「消費はコミュニケーションである」はさらにドライブする

フランスの思想家ジャン・ボードリヤールが名著『消費社会の神話と構造』を記してから50年が経ちました。しかし、これ以降に優れた消費社会論は出ていないと思います。ボードリヤールは、大衆消費社会における人々の消費活動の心理を「記号としての消費」というフレーズで読み解こうとしました。

筆者の学生時代は構造主義全盛で、構造主義がソシュールの言語学から始まったこともあり、「記号論」を土台にするとボードリヤールの主張は比較的すんなりと頭に入りました(ただ著作自体はあまり整理されていないので難解です)。

ボードリヤールは人々が豊かになり均質化が進むと、「差異」を求める消費心理が芽吹き、その欲求が「商品」=「差別化された記号」とみなすと提起します。次第に商品の価値は商品そのものの価値(使用価値)から商品に付与された意味(コード)に移ります。そして商品の価値は他の商品との意味(コード)の差異によって決まります。人々は商品を社会的、文化的イメージとして消費します。

「消費とは商品を介して個性を主張する言語活動であり、コミュニケーションの手段である」というのがボードリヤールの主張です。

「消費とはコミュニケーションである」というフレーズには「確かに！」とポンと膝を打ちます。

ここまでは多くの読者も比較的すんなりと納得できるでしょう。「なるほどブランドが持つ価値とはそういうことだよな」と思うはずです。

次にボードリヤールは「人々は自己の拠り所が記号の相対性にさらされアイデンティティの確立のためにさらに記号を消費する」としています。無限ループするというわけです。

ここまでくると「そんなに消費に翻弄されるものなのかな」と少し疑問もわきます。消費者個人の主体性が無視されている気もします。実際ボードリヤールの説には批判もあります。

その中で最も重要なのは、**「差異」を選択するのは「受け手」であり「送り手」ではない**という議論です。

ボードリヤールは差異を求めて翻弄される消費者像を描きましたが、現状はどうでしょうか。特にＳＮＳはまさに消費者側の主導権を決定づけたコミュニケーションツールになったと思います。その影響力はむしろ商品の「送り手」をして、その意味（コード）を変えさせてしまうレベルでしょう。

「消費はコミュニケーションである」とは、SNS全盛の今、ボードリヤールが定義したものとは次元の違うものになっていると思われます。

誰かが消費者主導（情報の主役である消費者）の時代の消費社会論を書いてくれることを期待します。

第5章

「広告（会社）」「マーケティング」という呼称定義が常に拡張している

事業解釈の拡張から派生する新しいマーケティングの概念

目に見えているようで、見つけられていなかった変化に気づくのは、事業運営において大きな変数価値をもたらします（変数が見つかると楽しくなります）。第3章においては、その変化を「医療事業の側面」から片鱗を紹介しましたが、本章においてさらに身近な「コンテンツ」や「通信（配信）」における変化を紹介します。「変化探し」という視点ではなく、現在の産業同士が互いに干渉し合ったり融合したりしていく様子から「次の一歩」を考えてみる材料とします。

寡占のクラウド事業で発生するねじれ現象

広告ナシの番組配信を行っていたネットフリックスが２０２２年11月から広告付きのベーシックプランを開始しました。この「広告なし」のサブスクリプション・モデルから「広告付き」モデルを登場させた衝撃だけでなく、ネットフリックスが「広告配信モデル」のビジネスパートナーとして選択したのがマイクロソフトであるのは次なる変数の予兆に思えます。

その背景として、世界で視聴されているネットフリックスの番組コンテンツを、アマゾンのＡＷＳが配信インフラとなって世界各国へ届けている事業構造を例にして紹介します。ネットフリックスは世界のクラウドサービスの「二強」のひとつであるアマゾンのＡＷＳに映像コンテンツ配信を依存しながら、一方で別競合のマイクロソフトに広告データと配信をＡＷＳの回線に乗せてくる「ねじれ」のような構造を作り始めました。

ネットフリックスの番組配信に限らず、Ｅコマース（ＥＣ）事業に代表されるＤ２Ｃ事業などのオンライン基点の事業は、「クラウドサービス」という世界規模のインフラに依存しています。この世界インフラは、アマゾンとマイクロソフトの2社が世界の過半シェアを担っていて、あのグーグル（アルファベット）やアリババのクラウド事業ですら、足元にも及ばない領域です。日本企業によるクラウド事業のシェアは極小で、日本市場の中だけに限ってもその存在は小さく、グローバルシェアでの依存度が進んでいます。

この大きなインフラ土俵の寡占の傾向を理解した上で、ネットフリックスが「新」広告配信事業のパートナーとしてマイクロソフトを指名した**「巨人同士のねじれ」**の様子は、新たな「変数（要素）」を生む可能性を秘めています。

テクノロジーが深めていく「水平から垂直へ」の事業展開

テスラ社のCEOイーロン・マスク氏がオーナーである「スペースX／スターリンク」は、既に3600基以上（2023年2月末現在）の通信衛星を軌道に走らせ、上空からのネット回線の提供を開始しています。日本でも2022年11月から、月額1万円程で利用が可能です。この通信回線を受けられるマスク氏の事業傘下であるテスラ社の車とは、EV走行車としての数百万円の価値よりも、「路上の安全情報」の収集のためのデバイスとして、世界中の数百万台が命に関わる「重い価値」を持つ、人の安全データを毎時毎分アップロードして、「AI解析」に積み上げています。

上空で集計されるAI解析による安全（運転）が保証されるサブスクリプションのシャワーは、グーグルの地図情報や、アップルやサムスンのスマホからの位置情報の程度を超えた「命に関わる重い価値」を持つサービスになりえます。さらにアマゾンやマイクロソフトのクラウド事業の座がテスラ／スペースXがAI知能のチップを開発し、その解析英知を通信回線から必要な電力に至るまで、AI脳から電力エネルギー、末端デバイスにまで**「垂直融合」**を行えば、これまでの事業の考えから根本的な（サービスの、マーケティングの）構造が変わる可能性があります。

これらのクラウド事業におけるコンテンツの視聴や利用の変化の事象と、衛星も含めた人々の行動変化や産業のつながりの変化の事象について、次節から紹介します。

アマゾンにコンテンツ配信を頼るネットフリックスが、広告配信はマイクロソフトへ依頼する「変数」

ネットフリックスの番組配信を担うのはアマゾン／ＡＷＳ

皆さんがご覧になっているネットフリックスのコンテンツのビデオ配信は、ＡＷＳからのクラウド配信であるのはご存じでしょうか。身近で「目に見えない、手に取れない」ので気づきにくい側の、デジタル起点の事業の例として詳しく紹介していきます。

ネットフリックスは、コンテンツ（番組）を世界１９０カ国、約２・２億人に向けて配信しています。その画面への「ラストワンマイル」をつなげているのがアマゾンのＡＷＳであり、視聴者はネットフリックスの番組を、アマゾンのＡＷＳの配信サーバーや海底ケーブル経由で受け取っているのです。

これまでのアマゾンといえば、「目に見えて、手にできる」ＥＣ事業（物販）が主軸事

■ネットフリックスの配信にはAWSが使用されている

出典：AWS HP
URL：https://aws.amazon.com/jp/solutions/case-studies/netflix/

業と思われていました。これに対してＡＷＳというクラウド事業は、**「目に見えにくい側、気づきにくい側」**の事業として成長しています。

既にアマゾン全体の事業の柱そのものが、目に見えにくい側の「クラウド事業」を主とした事業構造にシフトしています。その証しとして２０２１年７月に創業者のジェフ・ベゾス氏がＣＥＯの役割をアンディ・ジャシー氏に譲り渡しました。新ＣＥＯのアンディ・ジャシー氏はＡＷＳ（クラウド）事業をここまで成長させたリーダーであり、アマゾン事業全体はその背景を持つ人物に舵取りを任せたことになります。

ネットフリックスの例は、このＡＷＳ上で展開されるさまざまな企業の事例のほんの一部です。この他にもアマゾン／AWS上のエコシステムではさまざまなB2Bでの「目に見えにくい側」の事業支援として、多くの企業利用が進んでいます。

ネットフリックスがマイクロソフトからの広告配信を行う「ねじれ」

ネットフリックスのこれまでの映像番組事業は、視聴者が月額サブスクリプションを支払って購読し、番組内には広告挿入なしで映画などを視聴できる環境を提供している事業モデルでした。

DVDビデオの郵送レンタルで拡大したネットフリックスは、2007年から映像サブスク配信事業にシフトし、このモデルを約15年継続していました。ところが、2022年7月13日に「広告付き新サブスクリプションプランでマイクロソフトと提携」として、広告テクノロジー・営業のグローバルパートナーとして、マイクロソフトと提携することを発表しました。広告事業とは、収益を広告出稿主からいただくB2B事業モデルです。同年11月から開始されたサービスは、日本では月額790円、アメリカでは6・99ドルでスタートさせました。

ここで考えたいのは、ネットフリックスのこの手のひらを返したような事業シフトには、

■ネットフリックスがAWSを使った「Netflix Open Connect」として説明する様子（2016年）

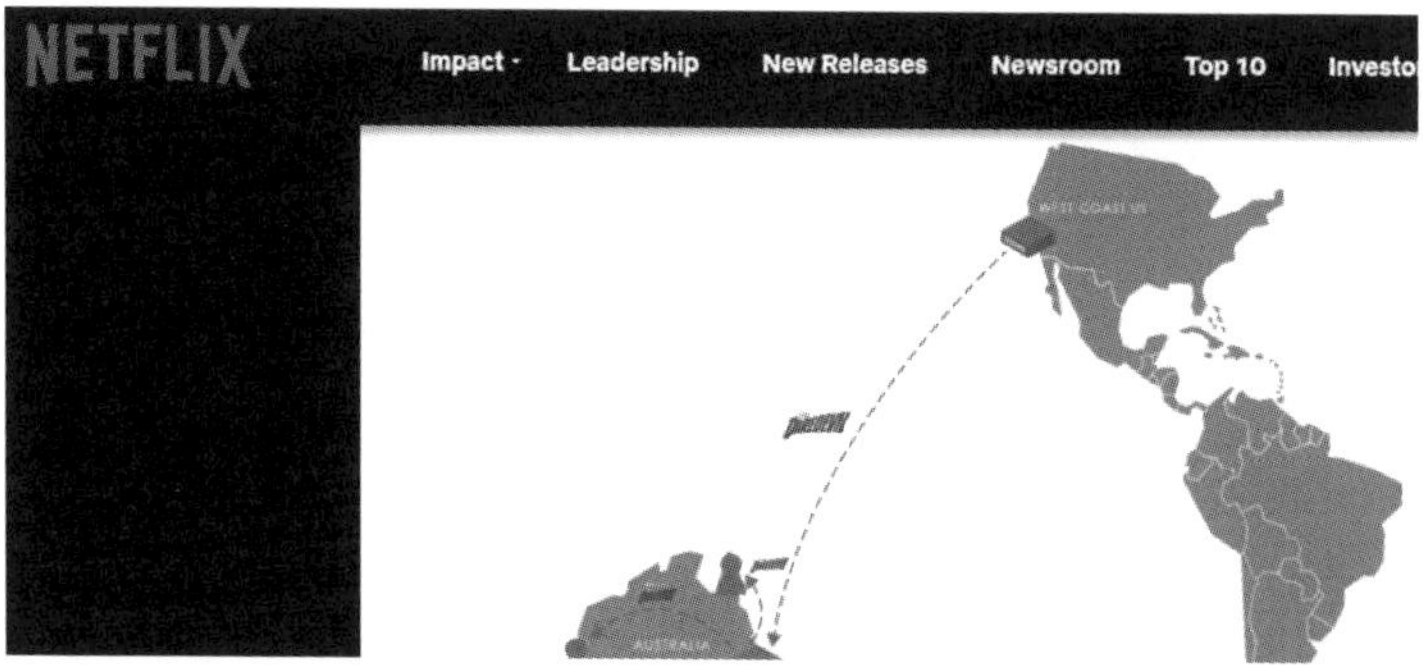

出典：Netflix HP
URL：https://about.netflix.com/en/news/how-netflix-works-with-isps-around-the-globe-to-deliver-a-great-viewing-experience

何やら大きな「変数」がありえるのではということです。単純にネットフリックスの事業が「サブスク型の収益軸（Ｄ２Ｃ）と広告型（Ｂ２Ｂ）の『ミックス』を始めた」とか、「新しい収益の柱を作り始めた」だけの観察では「目に見えた」結果に過ぎません。目に見えていない広告事業の難しい部分を考えられる視点がありそうです。

似て非なるネットフリックスとディズニープラスの広告配信モデル

前節でも述べたように、もともと広告なしのサブスク配信モデルだったネットフリックスが、２０２２年11月から世界で割安価格での広告付きでの配信メニューを加えました。「コネクテッドＴＶ広告（ＣＴＶ広告）」の配信事業から見れば、優良な（有料な）番組枠のネットフリックスの広告枠が（ディズニープラスとともに）増えて華やかになります。似て非なるこのＯＴＴ（オーバー・ザ・トップ：ネット回線経由のテレビ映像放映）２社の広告ビジネスの特徴を整理してみます。

ディズニープラスはB2B広告配信ありきでユーザー数のパイ獲得を目指す

ディズニープラスの映像事業は、そもそもが広告を事業の柱として構築されたブランド企業からの収益を期待するＢ２「Ｂ」モデルです。まずはアカウント数を巨大に伸ばして広告リーチの価値を引き上げてB2B広告収入の土台を作ります。**そのアカウント土台の上にB2Cユーザー側へもアップセルメニュー（や値上げ）で、後に利潤を上乗せできる構造です。**

広告収益を前提としたコンテンツ（制作）やサブスク契約を進めているので、ユーザーの広告露出に対するがっかり感は少なく抑えられます。

ディズニープラスのアドテクパートナーはThe Trade Deskなど、DSPと組んで広告を多売しています。

ネットフリックスはB2Cの配信から出発してB2Bを混合させる

ディズニープラスのB2Bモデルに対して、ネットフリックスは個人ユーザーのお財布からの収益で採算を合わせるB2「C」サブスクモデルが起点でした。ネットフリックスのユーザーは、「私の」B2C契約に慣れており、突如広告主がB2Bで割り込んだメニューを月額が割安とはいえ、ダウンセル・オプションとして選択を迫られるがっかり感が少し残ります。

さらに広告が差し込まれる前提がないはずのコンテンツ制作者との契約が多いので、対コンテンツ制作者との調整事項（番組の途中に突然広告が挿入される許可が取れていない）が世界中で発生しています。

新アドテクパートナーとしてマイクロソフトが選定されたことは既に述べましたが、マイクロソフトはテレビ広告配信ＤＳＰの「Xandr」を、テレビ配信事業を手放したＡＴ＆Ｔから買収しており、さらにこのXandrがアドテクＤＳＰ（老舗）の「AppNexus」を吸収している構造は、あまり知られていません（マイクロソフトがいつの間にか、番組配信に添える広告配信技術を獲得していた様子です）。

ネットフリックスの経営モデルは、非常に理解が難しいモデルです。「価格と離脱率の相関」や、「製作費用に対する減価償却の比率」など、事業の舵取りが非常に複雑に入り組みます。たとえば、営業キャッシュフロー（貯金箱の残高の増減）は、２０２０年の撮影延期時期（支払いが延期できる）までは、ずっと赤字を続けていました。上場企業としては「黒字経営」だったのですが、貯金箱に入れる営業上でのキャッシュフローはずっと「増えずに減り続けている（赤字）」という経営手法でした。

この「黒字決算なのに赤字キャッシュ」だったカラクリは、コンテンツ制作費（番組制作費）を単年度丸々でコスト計上せずに、未来へのツケ（Ｐ／Ｌ計上せずにＢ／Ｓで資産計上しておいて、未来の５年で分割して減価償却）とすることで、会計上の黒字を保つ経営手法です（「減価償却」という手法も、マーケティング・プロセスの重要事項として、第9章で紹介します）。

番組が完成して配信されてから何年も視聴されるネットフリックスの番組特性を考えると、コスト計上方法として「分割」は理にかなった方式ですが、経営操舵は複雑です。実際に2022年の単年度だけでも、番組を制作して増やしたコンテンツ資産に約2・2兆円（168億ドル）を投下していますが、コストとして計上した減価償却額（過去に制作した番組の年度分割での償却コスト）は約1・8兆円（140億ドル）です。繰り返し、理にかなった真っ当な計上方法ですが「2・2兆円を番組制作で踏み込んで、1・8兆円（だけ）をコスト計上する」操舵です。

この操舵方法は、加入者の増加や、それに伴った株価の資産上昇を前提とした経営手法です。この上昇前提が止まった2022年後半のタイミングに、**「新たな広告収入の柱」**を発表した時期が重なって見えます。ネットフリックスの事業モデルは成長時期から収益回収の時期に転換したとも考えられます。

ディズニーの巨大赤字覚悟の腕力

ネットフリックスが（地道に）約15年をかけて、（ようやく）世界で2・2億人のD2Cサブスクユーザーを獲得したのに対して、ディズニーは、最初からスケール化を狙い、B2B広告課金を収益モデルとして、サービス開始からわずか2年の2022年8月にはネットフリックスの総数を抜いたと発表しました。

このトップラインの数値は「ディズニーの腕力」を発揮させた**赤字覚悟の「販促キャンペーン祭り」の成果**です。次ページの図を見ればわかるように、ディズニー傘下のHuluとESPNプラスの数字を（重複を含めて）足し合わせて、ネットフリックスよりもわずかに上回ったという形（何か歪みがありそう）でした。

「赤字覚悟の販促キャンペーン」とは、ディズニーの「テレビ事業のサブスク（D2C）」セグメントの営業収支は2022年の1年間で、約5200億円（40・4億ドル）の赤字である状態を意味しています。21年の約2200億円（16・8億ドル）の赤字幅の「倍以

■ディズニープラスとネットフリックスとその他の大手OTT配信企業のサブスクアカウント数比較（2022年８月時点）

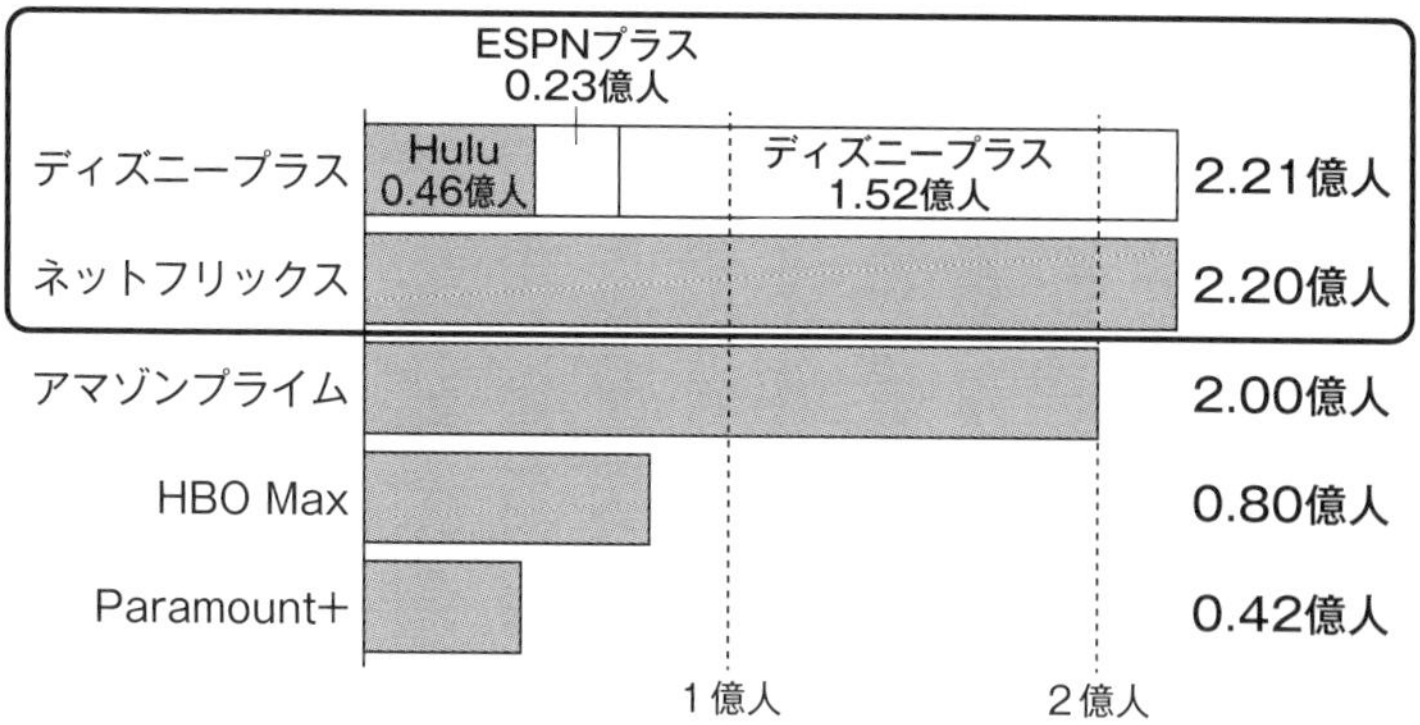

2022年８月11日に掲載されたロイターの記事は、「ディズニー４～６月期、動画配信加入者2.21億人　ネットフリックス抜く」の見出しが鮮烈だった
出典：各社IR報告と報道より概算

上」に広がっています。

この赤字覚悟の販促とは、日本での月額990円どころか、アジア（特にインド）では驚きの月額99円（1アカウント当たりの広告収益を含む）級のバラマキ度合いでの拡張でした。これによってアジア（特にインド）で約6千万件を積み上げての、世界合計2・2億件（ネットフリックス超え）の達成なのです。今後、ディズニーは広告の出稿量と単価を引き上げたり、広告なしのアップセルなどのメニューを用意したりして採算向上を図り、早期に年間5千億円の赤字という収益構造を改善させなければなりません。

■インド市場でのディズニープラスの視聴メニュー

（1ルピー＝1.7円で換算）

ディズニー課金メニュー	料金	広告の有無	視聴コンテンツと質
ディズニープラスHotstar	無料	広告付き	制限付きの映画・テレビ 5分間ライブクリケット
ディズニープラスHotstarモバイル	月額83円（年間848円）	広告付き	すべてのコンテンツ （映画・テレビ・ライブ・スポーツ） デバイス1台 HD（720p）解像度
ディズニープラスHotstarスーパー	年間1528円	広告付き	すべてのコンテンツ （映画・テレビ・ライブ・スポーツ） デバイス2台 HD（1080p）、ドルビー5.1
ディズニープラスHotstarプレミアム	年間2548円	広告付き	すべてのコンテンツ （映画・テレビ・ライブ・スポーツ） デバイス4台 HD（2160p）、ドルビー5.1

地元のHotstarのチャネルに乗るバンドル型メニュー
出典：mysmartprice「Disney Plus Hotstar Subscription Plans 2023: Premium vs Super, Price, Validity, Benefits, Offers and More」
URL：https://www.mysmartprice.com/gear/disney-plus-hotstar-plans/

2年前に引退したボブ・アイガー氏をCEOに再登用

サブスクユーザーをどれだけたくさん集めようとも、年間約5千億円にものぼる赤字は、ディズニーという巨大企業でも非常事態です。ディズニーは2022年12月に、2年前に引退した元CEOのボブ・アイガー氏を再登用する決定をしました。彼こそが「ディズニープラス」の起案者であり、メディア（番組／広告）とエンターテイメント業界において顔の利く大物を再登板することになりました（アイガー氏の前CEO期間は2005〜21年の15年）。このことは、何やら「大きな」変数が発生しているシグナルを示しています。

「ディズニープラス（Hulu、ESPNプラス）とThe Trade Desk（広告配信企業）」のチームと、「ネットフリックスとアマゾン（コンテンツ配信事業）とマイクロソフト（広告配信企業）」の超大手企業の参入と、ボブ・アイガーの返り咲きで、**「CTV広告」が花盛りとなる第二章**が始まったのかもしれません。少なくとも視聴者側には月額の安い視聴プランの選択肢が増え、広告出稿側（ブランド）もブランドに寄与するプレミアム番組枠が増え（る実験が続く）、何より広告会社は笑いをこらえている（収益機会が増える）状況でしょう。

アマゾンは自社のオリジナル番組コンテンツを配信

ネットフリックスの（世界）事業の拡大に大きく貢献していたアマゾン／ＡＷＳにとって、今回のマイクロソフトとの「広告部門での事業差し込み」提携は「ねじれ」「面白くない」「寝返り」の判断にも見えます。

ところが、そもそもアマゾンはプレミアム番組枠の放映事業者で、いわばネットフリックスの競合事業者でもありました。アマゾン自身の事業で「プライムビデオ」のコンテンツ（番組）配信事業を行っている上に、映画コンテンツ企業のＭＧＭを約１兆円で買収しており、さらにＮＦＬの試合のストリーミング放映権も10兆円規模で投資する程の「ネット配信＆広告事業モデル」を世界最大規模で投資、拡張するノウハウを持つ企業です。**「ねじれを越えた、もつれの状態」**です。

番組コンテンツ配信に参加しきれていないアップル、グーグル、フェイスブック

大手プレミアムコンテンツの配信企業（有名プラットフォーマー企業）の中に、アップル、グーグル（アルファベット）と、フェイスブック（メタ）といった企業がこの話題の周辺に登場していないことも注目すべき点です。

アップルもアップルTVプラスで自社のオリジナル番組コンテンツを制作したり、配信したりしていることは知られていますが、アップルの年間のコンテンツ予算は約4千億円（30億ドル）程で、この数字はディズニーの約4・3兆円（330億ドル）やネットフリックスの約2・2兆円（170億ドル）とは桁違いの差があります。

グーグルに至っては、ユーチューブという映像視聴の事業を抱えてはいますが、SNS上での「他人のコンテンツ」を放映して広告配信を事業コミッション（投下された広告額の約4割）として収益を上げるモデルであり、**プレミアムなコンテンツ映像に「自己投資」を通じてD2Cで人々の「気持ち」とつながっている構造ではありません。**

今後、「プレミアムな」番組コンテンツに紐付く広告配信（CM配信）という市場側（例：ディズニー、ネットフリックス、テレビ局、アマゾン）と、映像コンテンツを自社で開発

しない（少ない）ＳＮＳ広告市場側（例：グーグル、フェイスブック、ティックトック）との綱引きが当然ながら始まります。

実は日本市場は、（欧米市場と比較して）前者のプレミアムな番組放映側市場よりも、後者のＳＮＳ広告市場側の声（ユーチューブ動画やティックトック動画など）が大きく、あたかもこれらＳＮＳプラットフォーマーが「ＣＴＶ広告」を担うイメージが持たれているようです。

さらに日本市場でＳＮＳプラットフォーマーの声は映像事業周辺だけでなく、イオンなどの小売り流通や、みずほフィナンシャルグループなどの金融も含めて「グーグル側の声」が日本市場はアメリカ市場よりも大きいと筆者は感じます。今後ディズニー／ネットフリックス／アマゾンのような巨大コンテンツホルダーや、在京5局のテレビ局（番組制作会社）や、映画会社などの日本のプレミアムコンテンツ側の声が、単なるＳＮＳプラットフォーマーの声よりも大きくなる（バランスが是正される）ことが期待されます。

COLUMN

アマゾンの営業利益は「200％AWS頼み」の構造

アマゾンの事業価値は、2021年のピーク時には200兆円超えの規模でした。トヨタ自動車の時価総額が最高で約30兆円規模ですから、その規模の大きさが理解できるかと思います。

では、アマゾン全体の「営業利益（売上総利益ではなく経費計上後の実質利益）」に注目して、事業の主軸が「目に見える側（EC事業）」から「目に見えない側（AWS事業）」へ移行している様子を数字で見てみましょう。2021年（通年）時点のアマゾンの決算ではEC事業からの営業利益が約8200億円（63・55億ドル）に対して、AWSはその3倍の約2・4兆円（185・3億ドル）も稼ぐ「逆転状況」が年々進行していました。

このアマゾンの事業における主軸の比率の逆転変化から変数に気づけば、同社の2023年以降の未来の「軸」がどのような構造に進むかも予想がつきそうです。

その予想の変数（兆候）例として、本書執筆時の2022年通期（2023年2月発

■2020～22年のアマゾンの決算

		2020年	2021年	2022年
EC事業	北米	1兆1,250億円	9,450億円	**－3,700億円**
	海外	930億円	**－1,200億円**	**－1兆70億円**
	EC合計	1兆2,180億円	8,250億円	**－1兆3,770億円**
AWS事業		1兆7,590億円	2兆4,090億円	2兆9,690億円
EC+AWSの合算		2兆9,770億円	3兆2,340億円	1兆5,920億円

出典：アマゾンの2021年、2022年のIR資料より作成

表）時点では、EC事業の営業利益は米国内と海外ともに大きな赤字に突入しています。いわば200％、アマゾン全体の営業利益はAWS頼みの構造に移ってきました。

2022年は、EC部門の営業赤字が約1・4兆円（マイナス106億ドル）で、これを本業（柱）であるAWSのクラウド事業が約3・0兆円（228億ドル）の営業黒字で補う傾向が顕著になりました。

アマゾンの「目に見える側」は「目に見えない側」への客寄せ紙芝居

このことは、アマゾンの看板であり主流であったEC事業が、現在では未来のクラウド事業のための「撒き餌」だったり、「お客を呼ぶための紙芝居」のようにも思えたりする程です。

紙芝居と形容してみたアマゾン事業の全体は、主軸のクラウドをご利用いただける潜在ユーザーを開拓するために、まずはエントリーとしてEC事業をご利用いただく。そのEC事業運営が約1・4兆円の赤字なのだけれど、目に見えない側のクラウド（AWS）事業で約3兆円の営業利益を回収する。EC事業はいわばAWSの「販促費用」としてこの赤字を負担運営するという「新（マーケティング）モデル」に進化しています。

このアマゾンにおける事業軸の変化は、既に「広告・販促・マーケティング」の事業の「概念（言葉の定義）」そのものが、アマゾン内部では異次元に発展しているかもしれないですし、その変数が社会全般にも及んで適応しているかもしれない、と考えるヒントとなります。

番組コンテンツの「プッシュ配信」から「ゲーム」を筆頭とした「双方向」へ

ここまで説明してきたことから、**単なる映像番組の配信やそれに向けた広告配信の分野だけに閉じられていない「変数」がありえそうな雰囲気**が感じられます。さらにマイクロソフト側からネットフリックスにすり寄る「縁組」の動機として、まことしやかにささやかれる背景が、マイクロソフトによるゲーム企業の「Activision Blizzard（以下、Activision）」の買収発表（2022年1月、当時のレートで約7・9兆円＝約678億ドル）との関連です。

これまでのネットフリックスの事業は、モニターという「二人称」の枠に向けて完パケ番組の一方通行の放映が主体でした。ところがモニターの前のサブスクユーザーからすれば、「受け身で見る番組」ばかりで、インタラクティブな参加ができる、たとえば「ゲームコンテンツ」「eスポーツ」「ショッピング」などが圧倒的に少ないのがネットフリックスのアカウントでした。

このゲーム産業の事例も、「目に見えにくい」事例に含まれます。「ゲーム」そのものは目に見えると思うかもしれませんが、このActivisionの買収に関して「次がどうなる」などの期待について、日本市場では「見えていない（関心がない）」状態のようです。単なる「Nintendo Switch」や「PlayStation/SONY」との比較座標の外も含めて、次のステップを考えておきたいところです。

ネットフリックスにとって「ゲーム（利用）市場」は、これまでの有名映画（番組）を制作して、一方的に平面スクリーン上（二人称の画面）でサブスク消費（視聴）してもらうだけでなく、仮想空間市場での「体験・体感」を踏まえた双方向にてアカウント契約ユーザーとのパイプを太く（一人称として）できるはずです。新たな「（顧客との）パイプの使い道」として双方向コンテンツとなりえる「ゲーム」は何とかしたいのに弱い分野でした。

一方、「Xbox」事業を傘下に持つマイクロソフトは、Activisionを買収することで「ゲームのネットフリックス」と呼ばれるサブスクリプション課金の「Game Pass」を展開中です。この事業がネットフリックスとの合わせ技になれば、広告リーチや収益が上げられることは予想できます。

ゲームが入り口となるビジネス（仕事）プラットフォームの融合

とはいえゲーム市場でのシェア分析（『Call of Duty』や『World of Warcraft』などの人気ゲームの獲得でも市場の約10％程度）や、シミュレーション市場（アメリカ国防総省による『HoloLens』での訓練など）に閉じた視野では、さらに向こう側の「マイクロソフト365（旧オフィス）／ビジネス市場」「クラウド事業」への入り口を見落としそうです。

マイクロソフトのActivisionの買収理由はゲーム事業の強化だけではなく、ゲームに没入している世界と、マイクロソフト365の利用でのビジネス環境の境界が薄くなり、**ゲームユーザーが（いつの間にか）オフィス／ビジネスユーザーとして「クラウド上で」利用が進む（進化する）ような、入り口**として期待されます。

この上記の「仮説」や覚悟の「想像」への判断への大きな配慮事項が**時間軸**です。2022年12月現在、アメリカ当局であるFTC（連邦公正取引委員会）は、反トラスト法の見地からActivisionの買収に関してマイクロソフトを提訴しており、公聴会が始まるのが2023年8月であるので、Activisionの買収が着地するのは2023年後半からであり、まだ長い準備の様相です（裏返せば、この期間こそ承認後に向けた仕込み期間です）。

マイクロソフトはこの数十年、何かと当局から目を付けられる存在であり、ましてやこのような大きなM＆Aとなれば多角的な審査の必要性は当然覚悟の上です。当のマイクロソフト自身は、こうしたことは見越しており、最終的には着地の方向に進む可能性はかなり大きいと考えられます。

何かが起こると何かに応用ができる未来「変数」の発見

以上の「コンテンツ配信」「広告配信」「ゲーム市場との融合」も、「目に見える側」「軽いデータ側（命に関わる程ではない）の事業範囲」としておきましょう。実際にはさらにその向こう側が存在した上での、次の10年に向けてのグローバル企業の動きです。

本節で紹介した例は、配信インフラを含めた**「垂直融合」の可能性が、変数として存在しそうなイントロ**として取り上げました。たとえば配信インフラを持つマイクロソフトが「ネットフリックスを買収すれば」と考えてみれば（現行のネットフリックスがアマゾンのAWSを外注する関係をひっくり返して）、「垂直融合」が出来上がる可能性は想像できるでしょう、マイクロソフトの企業体力ならば、ネットフリックスを買収できる資本は十分にあります。

2023年3月に発表されたアベマ（TV）とネットフリックスとの提携発表も、番組コンテンツの協業に閉じた話題に惹かれるだけでなく、アベマの親会社であるサイバーエージェントの営業利益の8割がゲームコンテンツであることを踏まえれば、別シナリオも描けます。サイバーエージェントがネットフリックスを経由してマイクロソフトとゲームコンテンツでつながれば、大きな資本関係や新エージェンシーが生まれてもおかしくありません。

イーロン・マスクが描く「垂直融合」とは？

実は「映像」や「広告」（を通じたマーケティング）という一方向の配信データ（例：ウェブ1・0）は、さらにそのやりとりが「双方向のデータ（例：ウェブ2・0）」に広がるとしても、まだまだ狭い、「二人称」の画面に閉じた小さな事業（市場）かもしれません。既に「送り手（企業）が主体で、ユーザー（利用者）が受け身」の関係ではなく、ユーザー自身が主体になる業態（例：ウェブ3）が登場しつつある状況が見えています。本節では第3章で紹介したユーザーが主体になる「一人称」データに向けて、パイプの役割を持つ「インフラ」すらが変化している様子を紹介します。

「テスラ」がアマゾン／グーグル／アップル／マイクロソフトの事業領域に参入

前節にてクラウド事業や映像事業を例に「目に見えていないかもしれない、事業変化」

■スターリンクはさまざまな用途で利用できる

出典：スターリンク HP
URL：https://www.starlink.com/

を紹介しました。これらに加えてさらにスターリンク／スペースX／テスラ／オープンAIについても見てみましょう。

本節ではスターリンク／スペースXの事業を事例アンテナとして、イーロン・マスク氏が一連で展開する「人工知能・AI、データ」「スーパーコンピュータ、半導体」「電力の供給」「テスラ車というデバイス」「安全、保険」などを「垂直融合」にて束ねていると考えてみます。

「垂直融合にて束ねる」意味合い

旧来のマーケティング（や広告）の主要な活動は、「スケール化させる（とにかく広く）」「パイを広げた次は、コンバージョン（刈り取り）の効率を上げる」という方程式で成り立っていました。横へ横へと網の面積（リーチ）を広げておいて、その網の中でキャッチできる魚の数（濃度や効率）を引き上げることが、事業収益としての基軸だったように思えます。

メディア取引の扱い高を「売上（※）」と称してその規模を競い、定額15％のコミッションはその広げた網の広さに比例して利益（魚）が取れるビジネスでした（※第9章の『売上総利益』と『売上』の違いを区分して経営しているか？」でこの単語の区分価値を紹介します）。近年のフォロワー数や再生回数の多さを求めるのも「広さ」「回数」が増えることに比例して利益が創出される規模重視のモデルのままです。

このことは、既に拙著『広告ビジネス次の10年』で指摘した旧来モデルの変化でしたが、次なる新しい事業構造でのマーケティングの意味合いにおいて、これらに**「垂直につながる」「ゼロパーティ・データ」「信用と呼ぶ価値の基盤が何か」**の事業視点を加えたいと思います。上記の「横へ」「広く」のモデルが消滅するわけではなく、新たにパラレルで（同時進行で）形作られる垂直モデルに注目してみます。

この「垂直につながる」の意味合いは、これまで「横へ横へ」と水平に広げて収益を上げていた（広告リーチ価値を上げていた）概念とは真逆の方向かもしれず、少し理解しづらいかもしれません。「スケール化しない（できない）」という愚痴にも近いセリフを耳にするのは、水平拡大こそが収益と思い込んだままの「過去の延長発想」です。

その理解へ、新しい事業形態として日本でもサービスが開始された「スターリンク／スペースX／テスラ」の例を使って「垂直とは」を紹介してみます。アマゾンやマイクロソフトのプラットフォームを超える「基盤」が垂直融合されている可能性を知れば、「変数」として応用できそうです。

既に衛星が上空に3600基、数年で1万2千基が世界を覆う

イーロン・マスク氏といえば、ツイッターの買収が「目に見える側（広告事業、水平事業）」の表面的な話題として真っ先に浮かびます。けれども、メディアで騒がれている目に見える部分よりも、むしろ氏が手掛ける「根底」事業（群）が構想しているのは、さらにその深部である**「インフラの構造転換」**と、その向こう側の**「事業の垂直融合」の「目に見えにくい部分」**にこそあります。

マスク氏がオーナーである「スターリンク／スペースX」は、既に3600基の通信衛星を上空500キロに飛ばし、上空からのネット回線が日本でも個人利用なら月額6600円（2023年2月現在）というサービスが始まりました。

■上：スターリンクサービスが地球上での日本市場も提供可能になった地図
下：スペースXが打ち上げているロケットの様子

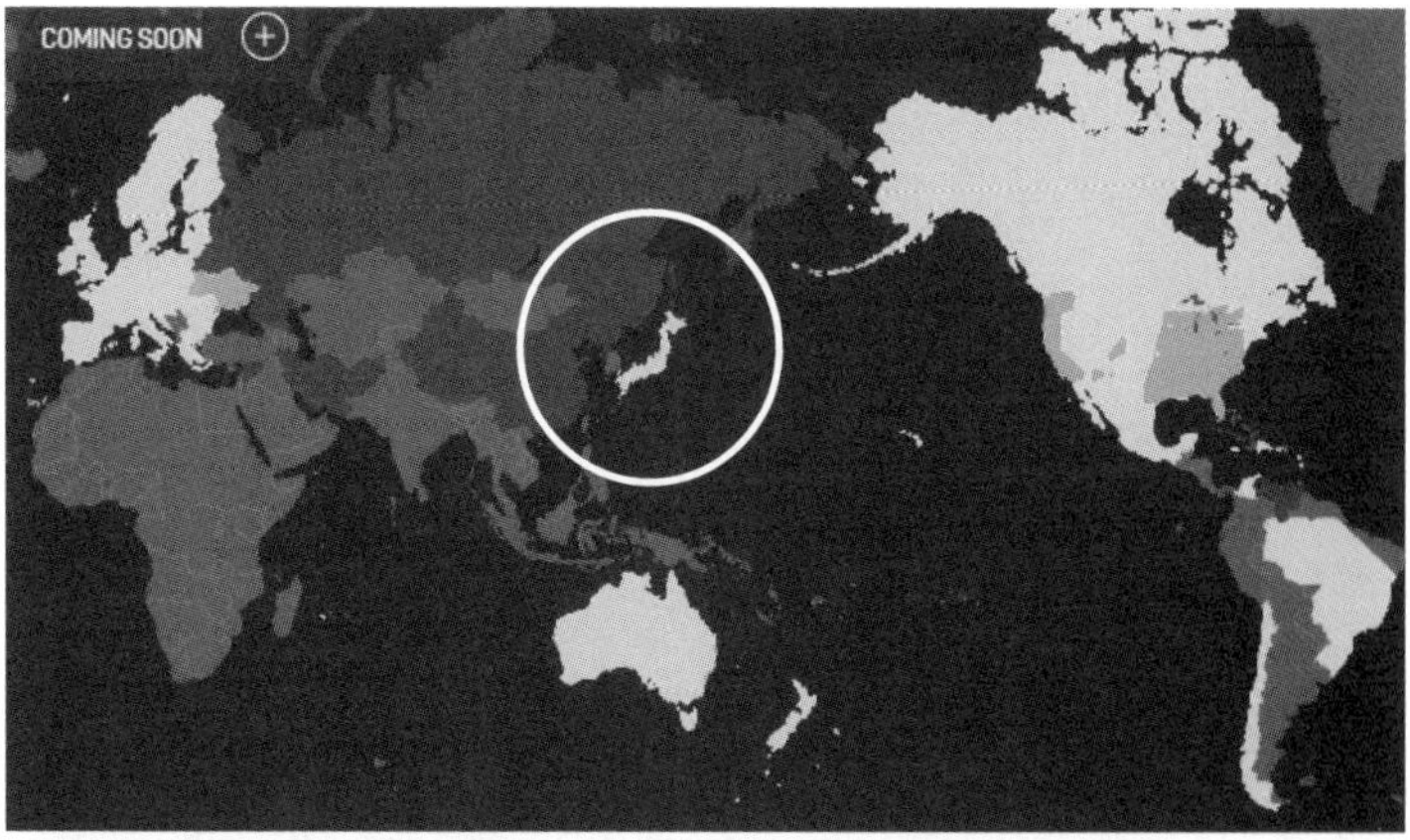

出典（上）：スターリンクHP
URL：https://www.starlink.com/map

出典（下）：NASA HP
URL：https://www.nasaspaceflight.com/2018/02/falcon-heavy-success-paves-space-beyond-earth/

これまでの通信衛星（例：スカパーの衛星）はおよそ上空3万6千キロ（地球の直径の約3倍の遠さ）を回る概念でした。スターリンクは地球の表面近く（約500キロ）を網羅して走るので、これまでより地表の約72分の1の近距離にグイッと近づくことにより、通信速度が実用レベルで格段に速くなります。この距離感覚をたとえれば、これまでの衛星と地球との通信は「36メートル先の人と会話する」状態だったが、スターリンクならば「50センチの目の前の人」と会話するほどの近さです。通信容量が多くなり、遅延が格段に小さくなるのが想像できるでしょう（次ページ図参照）。

このスターリンクの通信回線を受けられるイーロン・マスク氏傘下のテスラ社の車の近未来とは、「環境にやさしいEV走行車」としての数百万円の価値よりも、「命に関わる路上の安全情報」「ゼロパーティ・データ」を、ドライバー顧客とともに作る関係に発展します。**「毎時毎分」「世界中から」「情報を集積、双方向送信するデバイス」**としてデータ価値を「スターリンク」経由で、テスラ社のAI上で積み上げることが可能です。

2022年時点でも、地球上で走り回るテスラ（ユーザーの）車は約300万台を超えています。これらのユーザーは、テスラ社と「前向きに、合意の上の」安全のためのデータ＝ゼロパーティ（の関係の）・データを収集するデバイスと考えられます。

その300万台のデバイスは今後も増え続けることが予想され、さらに地上の毎分毎時

■「衛星コンステレーション」＝スターリンクの事業

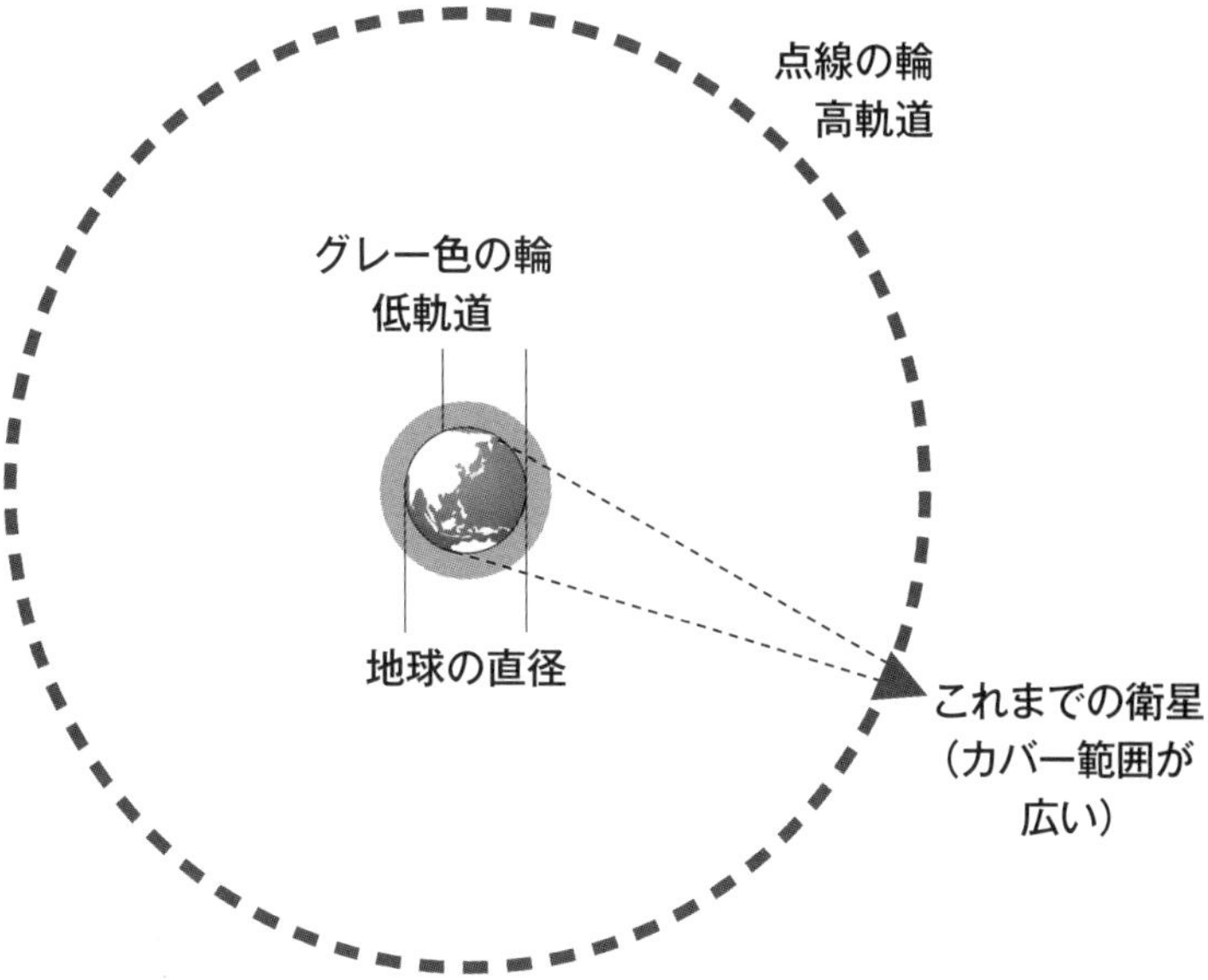

- 地球の直径＝約1万2,000km
- 点線の輪＝高軌道衛星＝3万6,000km（衛星ひまわりやスカパーに代表されるこれまでの衛星）
- グレーの輪＝低軌道衛星＝500km（＝スターリンクの投資エリア）
- 3万6,000kmかなたのこれまでの通信衛星は１基で地球の半分をカバーできるのが利点
- 500kmの上空ならば、地球をカバーするために数万個の衛星が、横連携で手をつないで機能させる様子が「コンステレーション＝星座」の意味合い

■テスラの「一人称」室内

出典：ストックフォト

のデータを上空経由で集計されて、「AI解析」によってどんどんと安全（運転）に向けて強固になるサブスクリプションのシャワーを作ります。

マスク氏の一連の事業を、新しい「垂直融合」の例としたのは、単なるパイプでのつながりのような手足の連動だけでなく、コンピューティング機能である「AIの知能蓄積とその処理能力」という「脳」に相当する部分への巨大な投資が見え始めたからです。この「脳」に相当する知識や学習（車の場合なら命を守る安全）のデータが新しいコンテンツとして膨らんできます（マスク氏はオープンＡＩコンソーシアムの共同創設者という立場）。

これらのデータや学習された知識は、アップルのiPhoneやサムスンのスマホからの位置情報程度（軽いデータ）を超えた「命に関わる、重い価値」を持つサービスになりえます。さらに、世界のクラウド二強とされるアマゾンやマイクロソフトの海底ケーブル（パイプ）と現行サーバーを使った事業の「パイプ機能」が衛星経由でひっくり返るだけでなく、サーバーの脳部門も垂直融合で丸々、イーロン・マスクのグループに追い越される可能性があります。

ニューラルネットワーク＝脳を衛星経由でテスラ・デバイスへ

スターリンクが通信衛星３６００基を上空に走らせようとも、これも通信パイプであって「手（手段）」に過ぎません。その「手」の向こう側にある「脳（ニューラルネットワーク）」であるデータやコンピューティングによる解釈（新・コンテンツ）が価値を生みます。テスラによる脳部門への投資状況も紹介しておきましょう。

前述の通り、テスラの車は情報をキャッチするデバイス（端末）側に過ぎないと位置付けてみます。その向こう側に「脳」であるＡＩによる安全判断のデータを「超高速処理」

■映画『マトリックス』で登場した「道場」シーンを回想してみてください

出典：ストックフォト

「管理・コントロール」「提供するデータの上で、新たにユーザーが活躍し」「さらにそのデータが還元される（安全運転にお戻しする）」というループ価値を生んでいる様子です。

テスラは、AIを鍛える「道場（Dojo）」を持っている

テスラは「Dojo（日本語の「道場」が由来）」という名の機械学習のために、ゼロからテスラ独自のカスタム・スーパーコンピュータ・プラットフォームを構築しています。

同社のサブスク契約の車群（世界の数百万台・毎時）から送られてくる、コンピュータ・ビジョン技術から収集される

自動運転に必要なビデオ（映像）データを自ら解析したニューラルネットワークの学習トレーニング能力を「鍛え上げる（道場）」ために「超」ハード投資を牽引させてＡＩの構築を行っています。

同社は単なる自動車メーカーを超えて、世界でも有数の性能（自社推定で世界5位の速度）を誇るスパコン企業と自分たちをたとえています。２０１９年版のスパコンではＡＭＤ社やＮＶＩＤＩＡ社のＧＰＵベースの大型スパコンを開発していましたが、とうとう「Dojoカスタムビルド」として、テスラが設計したオリジナルのチップとインフラ全体を使ってニューラルネットで鍛える場を育てています（そのテクノロジーの仕組みや超速については専門の説明にお任せしましょう）。本節でのポイントは、「垂直融合」の事業構造です。

単に海底ケーブルが衛星通信に置き換わるだけでなくその向こう側

このテスラの垂直事業の状況は、前節で紹介した「目の前に見える側」のテスラ＆スターリンクのライバルであるはずのアマゾンのＡＷＳ事業を例として置き換えればわかりやすくなります。アマゾンのＡＷＳがサーバーから海底ケーブルの向こうにあるテレビ端末に向けて、ネットフリックスのコンテンツを配信している構造と比較してみます。

スターリンク経由のインフラの端末に路上のテスラの車が安全な自動運転機能を用いて走り、クラウド上でAIが路上データを解析指示する構造のほうが、現状のAWSのパイプ利用と比較して「知能（AI）」が「命に関わる重いデータ」を管理している超付加価値が備わります。単なる海底ケーブル&サーバーの設備サービスをはるかに超えた価値がありそうです。このテスラ／スターリンク／AIの状況は既に実用化されていて、さらに進化を始めています。

ネットフリックス／AWSの例と、本節で紹介するテスラ／スターリンク／AIの大きな違いは、**「データの主役」**の部分です。ネットフリックスの映像コンテンツはネットフリックス（AWS）から（＝企業が主役）の提供ですが、テスラ／スターリンク／AIの場合は、**ユーザー側（テスラドライバー）からのデータ提供**であり（ゼロパーティな関係）、上りと下りの双方向での情報交換だけでなく、AIによる「考えられた新しい安全」に昇華されて、常に互いに更新（進化）しています。

さらにその（安全の）データの価値とは、「私」や「企業（テスラ）」だけでなくその他の人にも社会的価値を生みます。「視聴データの推量（覗き見かも）」の利活用や精度の上げ方ノウハウが異次元の価値を生むことがあるかもしれません。

この超高速の判断と最新の安全（運転）につなげる解析の「ＡＩ：脳機能」をテスラ・デバイスやスターリンクインフラを経由して接続したり蓄積したりしている「垂直状況」すらも、既に旧来環境（インフラ）では追い着けない状況にあります。

現在テスラが採用しているスパコンは、既存メーカー（ＡＭＤやＮＶＩＤＩＡ）の提供程度のチップでは追い着かず、さらにその動力であるパロアルト（カリフォルニアのテスラが所在する住所）の発電所の電力でも足りない速さや容量が求められています。チップの開発や製造、そして新たな電力創出を含めたさらなる産業の垂直化が見え始めています。

次なる「垂直」の矛先は高性能のＡＩに必要な「電力と冷却システム」

前述のように、テスラ／ＡＩ／スターリンク程の構想の規模になると、その動かすエネルギーである「電力」という資源が必要になります。現在の世界情勢でのエネルギー状況をかんがみるとなおさら、エネルギーというカテゴリーは対岸の火事ではなく、垂直に自らの事業に影響する大きな要素として考えておきたい項目です。

テスラ社は「テスラ車」と連動されるバッテリーや家庭用蓄電に関しての事業を広げています。日本のパナソニックがこの蓄電におけるバッテリー工場への投資で、日本市場でもなじみがあると思います。この蓄電（バッテリー）程度では間に合わないのが、このAIとスパコンの動力（＝エネルギー）の「創出（発電）」という事業です。その動力の向こう側に「生きた（生命）データ」分野への投資が進んでいます（エネルギーを作り続ける役割を担い、生きたデータを育てる様子）。

既にテスラの「Dojo」実験では、先に紹介したパロアルトの送電網を停止させるほど強力な電力が必要な事件も発生しているほどです。データセンターのAIやチップ開発やインフラ整備どころか、（並行して）電力のこれまでにない安定した電力密度の需要創出（テスラ事業への供給のため）と、さらには冷却システム開発、そのための負荷のサポートが自前で必要（命のデータの維持のため）になってきます。

これらが垂直につなげる事業モデルのリスク（と未来リターン）の部分です。仮に、「蓄電バッテリー」の工場への投資に留まらず、「（既に予想される）逼迫する電力」の供給事業者が先回りして登場すれば、大きなリターンが考えうる事業に発展するでしょう。

目に見えている部分と、気づきにくい「見えない部分」

このテスラの事例は、マーケティングや（事業）コミュニケーションの流れの大きな変化を示唆しています。たとえばサービス価値を生む起点が、これまでの企業起点での「〝モノ〟作り」「サービス提供」「配信コンテンツ」などの「発信源が1つ→その発信源から消費者へ」「製造→配信」のリニア（線形）の流れではない、新たな形を示しています。テスラの例の場合、世界中の消費者からの提供情報によりAI学習されて「より安全な」「重いデータ側」の情報や世界が創作されて、大勢で共有する言語を超えたコミュニケーションの発生です。

そうなるとたとえば「消費者」という呼称すらも、「消費をする受益者」のような受け側の意味合いが似つかわしくない気がします。まるで主役＝アクター・演者・提供者として活動する土台（舞台・社会）の市場やルールが生まれる様相です。企業もベンダーもインフラも、それぞれが主役や脇役の演者で、さらに「一人何役も」こなすストーリーが生まれます（第4章で紹介した「一人十色」）。この状況を**「波と波だらけの間を、互いに干渉し合ったり強め合ったりしながら、自由に泳ぐような市場」**の始まりとして、本章の結論とします。

第6章

メディアはコネクテッドTVの時代に

コネクテッドTV広告の爆発力

コネクテッドTV広告という概念は、先行する欧米市場の動きが日本市場にも及ぶことは確実です。本書の読者の方ならば、既にコネクテッドTV（広告）という単語を聞いていたり、事業に取り組まれていたりする方もいるかと思います。ところが、日本での2023年時点でのコネクテッドTVへの理解の現状は、どうやら「スマートテレビ画面への動画広告配信（含むユーチューブ）」という広義の解釈に留まっているように思えます。

その理解もまったくの間違いではありませんが、今後のコネクテッドTVの成長事業の意味合いを踏まえてあえて単語の背景を書き加えると、「コネクテッド（された）TV画面に登場する、ネット経由で送稿されたテレビ局番組の広告（CM）」と称するのが適切かと思います（なお、コネクテッドTVを「CTV」と略すこともありますが、コネクテッドTVにはスマートテレビ受像機のハードの連想も含んでしまうため、本章では「CTV広告」と「広告」までを添えることでハードと区別することにします）。

■IAB調査による、2023年のチャンネルごとの伸び率予想（ブランドとエージェンシーへのアンケート集計より）

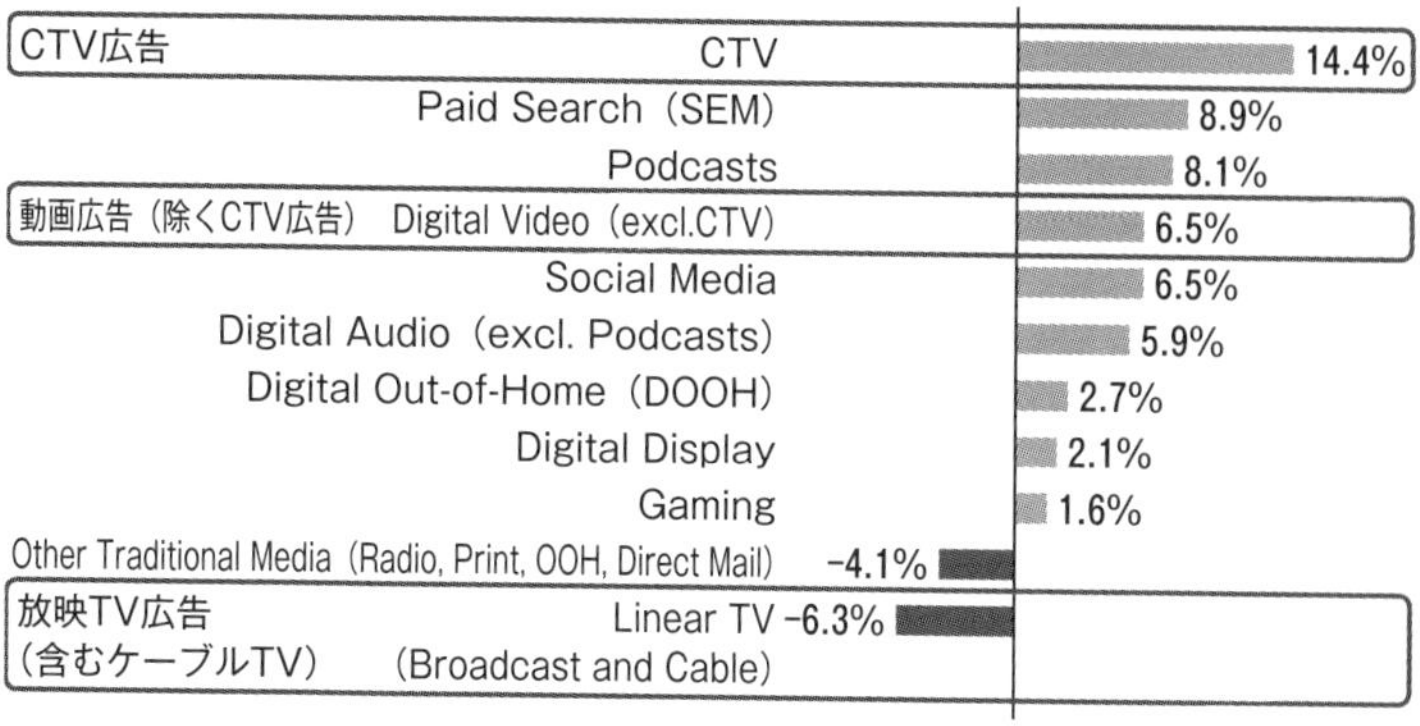

出典：IAB Proprietary Research「2023 Outlook Survey Ad Spend, Opportunities, and Strategies for Growth」をもとに作成
URL：https://www.iab.com/wp-content/uploads/2022/11/IAB_2023_Outlook_Survey.pdf

さらには、ユーチューブのようなソーシャルコンテンツだけではない、むしろそれらのＳＮＳ動画は除いた「テレビ局番組（巨大資本の制作番組、含むネットフリックスやディズニー、在京テレビ局）」と連動する、プレミアムなコンテンツと連動する広告（ＣＭ）の意味合いを強調しておきます。上図での仕分けも、「ＣＴＶ広告」と「動画広告（除くＣＴＶ広告）」の数値を区分して発表されている様子がわかります。

ＣＴＶ広告に向けて大資本が動き始めた

既にアメリカでは、ＣＴＶ広告の分野はテレビ広告市場全体が約7兆円規模

■世界五大広告グループとThe Trade Deskの時価総額比較
（2023年２月20日現在）

社　名	時価総額
The Trade Desk	3.84兆円（295.2億ドル）
Omnicom	2.47兆円（190.0億ドル）
Publicis	2.67兆円（205.0億ドル）
IPG	1.89兆円（145.2億ドル）
WPP	1.70兆円（130.6億ドル）
電通グループ	1.18兆円

参考：サイバーエージェント　0.60兆円、博報堂DYH　0.59兆円

（657億ドル）で頭打ちしているのに対し、約3兆円規模（269億ドル・2023年予想、リニアテレビ放映広告を除く）にまで成長し、今後も毎年20％のペースでの成長が見込まれています。

日本のすべての媒体の総広告費がおよそ6・8兆円規模なので、アメリカのCTV広告が3兆円規模の市場に成長したのには勢いが感じられます。CTV広告をDSPとして扱い、事業の波に乗ったThe Trade Deskは時価総額が世界五大広告グループを追い越して約4兆円に迫る勢いです（上図参照）。

さらには、広告なしでの番組サブスクモデルだったネットフリックス（アカウント数は世界で2・2億件）に対して、2年でアカウント数2・21億件のサブスクライバーを世界で一気に集めたディズニーが、同時にCTV広告市場に参入してきました。ネットフリックスが広告配信のテックパートナーにマ

イクロソフトを連れて来たことからも、大手資本がＣＴＶ広告市場に目を向けていることがわかります。

米テレビ局側（ＮＢＣ、ＡＢＣ、ＣＢＳやＦＯＸ）は、視聴率調査会社のニールセン（日本で置き換えるとビデオリサーチ社）だけに頼らず、ネット上を含めた自社番組の視聴数計測（ＣＴＶ配信を含めた計測）に着々と乗り出しています。これも巨大な波であるネットフリックスとディズニーが、ついにＣＴＶ広告枠に同時に押し寄せて来ることを踏まえ、テレビ局の自社コンテンツの優位性を保つための準備といえます。

このことは広告主目線で見ると、より好都合な状況が生まれます。自社が（広告を通じて）寄り添いたいと思える「超」人気番組がオンライン上で「爆発的に増える」ことを意味するからです。広告会社（エージェンシー）目線でも好都合で、**「ブランドにとって都合の良い、高単価の広告枠」が急増する日の到来**です。ネットフリックスの広告単価はＣＰＭ約65ドル（約９千円）ともいわれています。既にネットフリックス上での広告配信は開始されており、グローバルな大手広告主による広告投下に対して、データの検証（価格と補填の調整）が行われています。

ＳＮＳ動画広告との区分

ネット経由でのネットフリックスとディズニーらの番組コンテンツに連動する広告枠では、これまでの単なる「フォロワー数の多いユーチューバー動画やインフルエンサー動画」の広告枠どころの騒ぎではない価値が一気に生まれます。

実は、この分野での日本での理解は制度やインフラの違い（遅れ）も手伝い、非常にのんびりとしています。現時点では、民放の地上波番組のオンライン配信が、ようやくティーバ経由でほそぼそと同時視聴されている枠に広告が挿入されている程度です。

この負の状況を利用して、日本市場ではグーグル／ユーチューブ、フェイスブック／インスタグラム、ティックトックなどが中心となって自社誘導へ向けて啓蒙している様子がうかがえます。そのことを報じる記事やセミナーの量が格段に多いために、あたかもスマートテレビに配信されるＳＮＳ動画広告のことを「ＣＴＶ」と安易に呼んでしまう状況です（「コネクテッド・テレビ局広告」と称するほうが、初期理解の浸透には役立つでしょう）。

番組の視聴度データではなく広告出稿後の購買行動のデータが重要

「テレビのＤ２Ｃ」ともいえる、ネットフリックスやディズニープラス（とアマゾンプライムビデオ）に代表されるプレミアムなコンテンツ配信企業は、地上波局の視聴データとは比較にならない**ネット経由のデータの蓄積と掛け合わせ**ができます。

ネットフリックスの年間のコンテンツ制作費は約２兆円規模ですし、ＮＢＣユニバーサルもディズニーも、グループ合算した年間のコンテンツ投下費用は同じく２兆円規模のプレミアムコンテンツが「ＣＴＶ広告枠」に流れてきている状況です（１日換算で割り算すれば、ネットフリックスやＮＢＣユニバーサルは約60億円を毎日プレミアムなコンテンツに投下している計算です）。

一方で視聴データはスマートテレビ（デバイス）側からも技術的には収集可能です。受像機側（スマートテレビ）に組み込まれている技術のAutomatic Content Recognition（ＡＣＲ）によるＣＴＶ経由視聴のデータが急増する時期が予想され、ソニーは日本市場で先回りした感があります。ソニーがアベマＴＶやシャープなどの受像機メーカーと提携している座組は、まだまだ「制作費の薄い」「ソーシャル」コンテンツ向けの広告をデジタル配

■国内コネクテッドTVの広告市場規模　2020～25年（単位：億円）

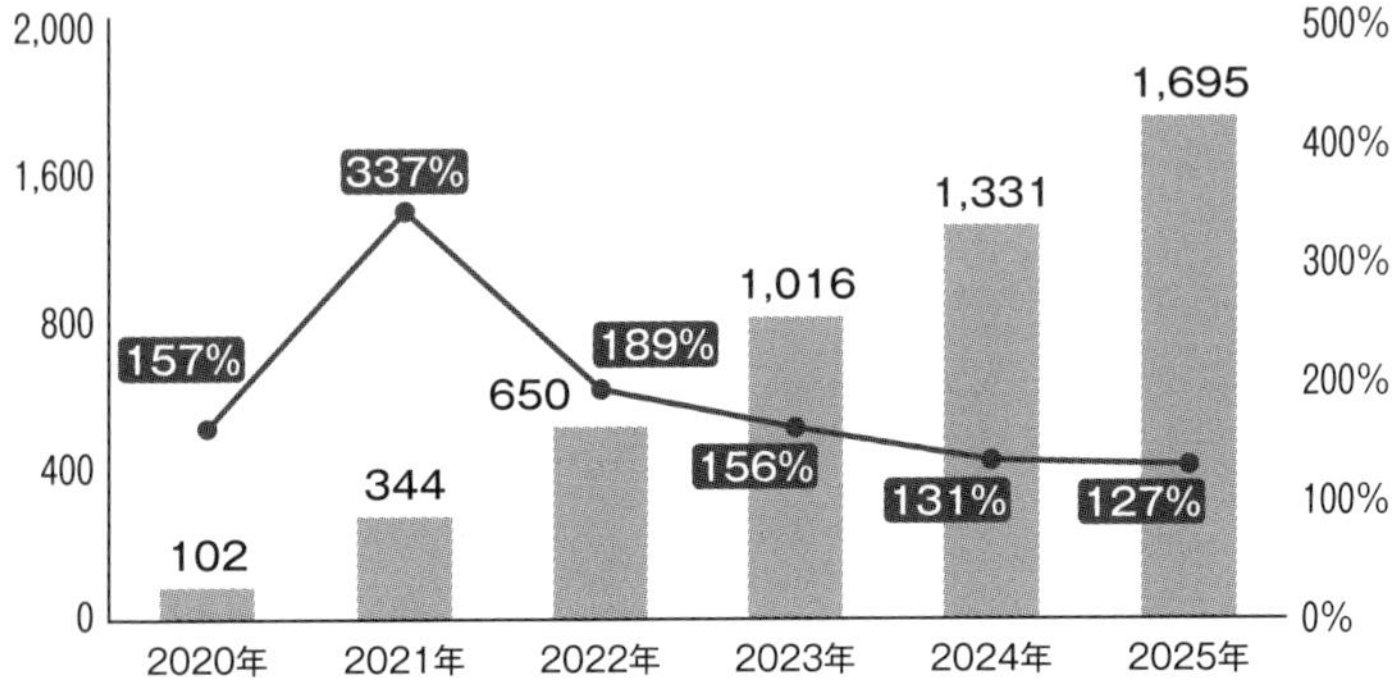

出典：PRTIMES「SMN、国内コネクテッドテレビ広告市場調査を発表～ 2021年のコネクテッドテレビ広告市場は前年比約3.4倍の344億円、2025年は1,695億円に成長～」をもとに作成
URL：https://prtimes.jp/main/html/rd/p/000000264.000013903.html

信ばかりに束ねているＳＮＳ広告の延長のようです。２０２２年のソニーグループ（ＳＭＮ）の調査によると、日本のコネクテッドＴＶ広告の市場は６５０億円と試算されています。この規模の「小ささ」は、「ネットフリックスやディズニー、在京テレビ局」の大きな予算が入る前と捉えておきましょう。今後大手コンテンツ企業の投資によるプレミアムな番組と連動するデータが積み上がり、日本のＣＴＶ市場が拡大します。

コネクテッドＴＶ広告は個人よりもデバイスターゲティング

ＣＴＶ広告に関しては、まだまだ日本での認知が少ないだけに、「広告配信の方法」「どのＤＳＰから買い付けができるか」「プログラマティック配信」などの送信側のほうに関心が向いています。けれども、**考えておきたいのは「データ」の部分であり、そのデータがどれほどブランド企業にとって（ユーザー自身にとって）役に立つか、役に立つデータを構築するかの部分**です。

デジタル＆ネット回線配信のネットフリックスとはいえ、過去に積み上げていたデータは「より良い番組を作る」制作側都合のデータでした。そのデータをもとに、自動車の広告やＣＰＧブランドの広告を出して、どれほどの売れ行きにつながるかとか、ブランド価値が上がるか、という視点のデータではありません。これらは今後新規で積み上げが始まります。

「Innovid Investor Day 2022」のデータによると、アメリカではこれらの視聴データは、

■アメリカにおけるCTV広告の配信インプレッションのデバイス別シェアの例（配信事業主のInnovid社、2022年第３四半期実績）

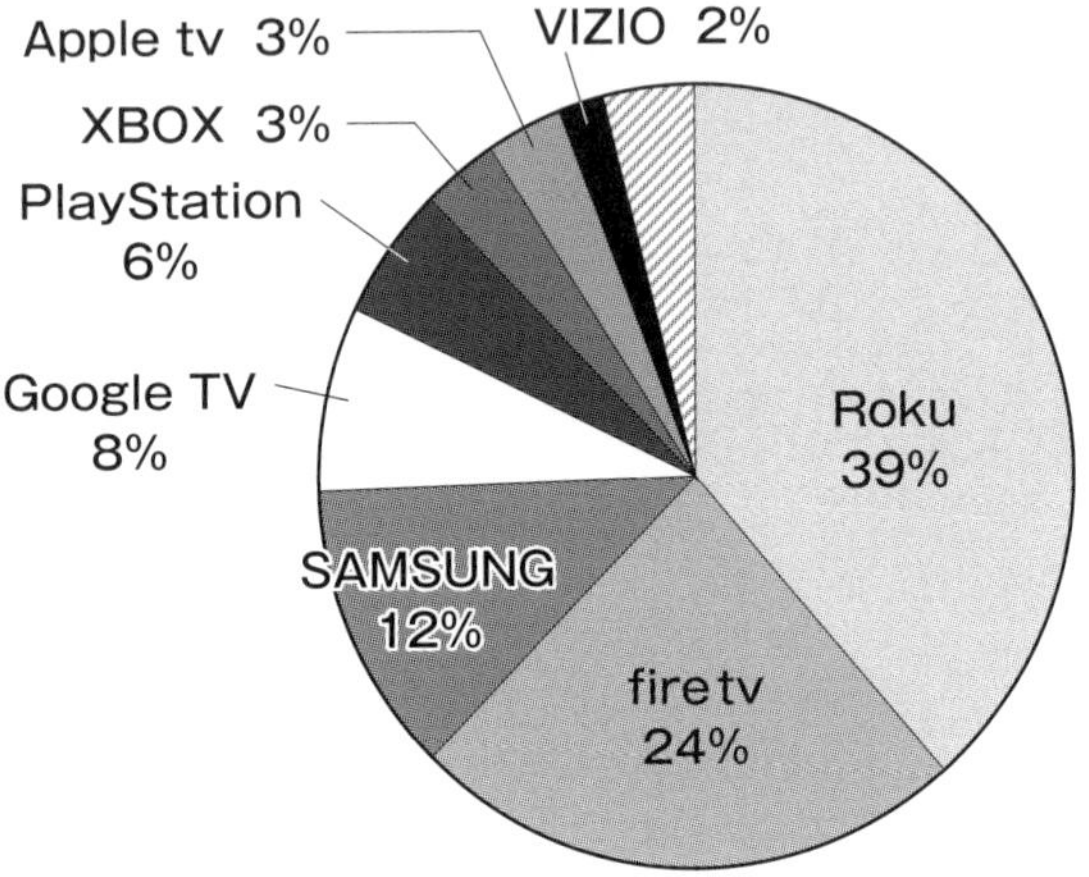

出典：「Innovid Investor Day 2022」
URL：https://d1io3yog0oux5.cloudfront.net/_1ad38018d7f8f0ce3d27239437f8d89b/innovid/db/2216/20757/pdf/Innovid+Investor+Day+2022+%28FINAL+PDF%29.pdf

ＡＣＲからのシグナルでの広告配信をサムスン、VIZIO、Rokuなど（モニター機器を伴う事業）から集める方法が市場の多くを占めています。つまりＣＴＶ広告とは言い換えると、個別の人に向けての広告配信というよりも、世帯の中にあるデバイス（例：リビングの50インチのスマートテレビ）に向けての配信広告です。スマートテレビのチャンネルがサッカーの試合を選んだならＡＣＲが反応してピザの広告を配信するとか、地元チームのスポーツブランドの広告を配信するなどがその一例です。

広告配信の向こう側「ショッパブル（CTV広告とオンライン購買）」

このデバイス（主にスマートテレビデバイス）に向けてShop NowボタンやＱＲコードを付けた「ショッパブル（Shopable）広告」の市場は、購買データとの掛け合わせからブランド企業側に注目されている分野です。

モバイル広告やＳＮＳ広告でも既に存在しているショッパブル機能ですが、ＣＴＶ広告の場合は、複数のデバイス（スマートテレビを見ながらスマホの操作）で視聴している点と、スマホやＳＮＳ上では見られなかったプレミアムなコンテンツとの協業という点で、大きくかつ新しい市場です。

プレミアムなコンテンツとは、ネットフリックスのドラマや映画だけでなく、テレビ局発の朝のニュースやお天気などの番組視聴も含みます。これらは毎日の行動であり刻々と変化する（プレミアムな）コンテンツです。さらには熱狂的なスポーツのライブ中継などもプレミアムなコンテンツです。

これらの放映視聴の時間帯は、日々の生活の中に「一定量」存在していますが、これまでの広告出稿には事前予約（例：テレビ局広告枠のタイム買い、スポット買い両方）が必要でした。この部分をCTV広告配信は機動的な買い付け（送信）を可能とすることでシェアが拡大しています。

さらにテレビ広告予約の変更（やキャンセルや、素材の差し替え）がデジタル上で可能であるCTV広告の特性は、企業予算が引き締めの時期（外出自粛の時期）において、一気にアメリカの広告主企業からの需要が引き上がりました。たとえば（旧）リニアテレビの広告ならば放映枠の事前予約の変更が難しいのに比べて、CTV広告の申し込みならばプラットフォーム上での自社主導での操作の幅が広がります。

これは旧来のテレビ広告枠の「スポット広告」よりも、さらに細かい機動力の選択肢が出てきたイメージです。アメリカでの大手広告主は、「テレビ」という巨大インパクトを持つメディアに新たに登場したCTV広告へのフレキシブルな予算の割り振りを、急遽「マーケティング全体で根本的に」見直す程のインパクトがありました。

CTV広告と「リテールメディア」との融合

このCTV広告との相性が良い大きな事業分野は**リテール部門**です。ウォルマートやイオンなどの店舗リテール（小売り）業から、アマゾンやShopifyに代表されるオンラインリテール業に至るまで、自社をプラットフォーマー（ＲＭＮ：Retail Media Networks）とたとえて、販売商品企業側に広告出稿を募る比率が高まっています。

　これらの店舗業が自社をプラットフォーマーとして「閉じて」しまうと、どうしてもグーグルやフェイスブックに代表されるウォールドガーデン以下の小さいリーチに留まる（スケール化しない）というやむをえない制限がありました。

　このリテールメディアが、巨大な数のデバイスを持つＣＴＶ広告と接続すれば、コネクテッド広告経由で物販につながる期待と、その新データが蓄積されることと重なって、大きな市場カテゴリーに成長することが予想されます。自社店舗や自社アプリに閉じていない、さらに広い売り場（買い場）を広げることになります。グーグルやフェイスブックが未進出のデバイス市場への広告リーチの可能性です。

　あるいはQVCやディノス、ジャパネットたかたに代表される通販・テレビショッピングの事業も、これまでは「チャンネル」や「番組」「アプリ」という固定枠に閉じていましたが、ＣＴＶ広告という機動力のある枠に事業視野が広がるのも間もなくです。

　巨大な予算や資本が移動しつつあるＣＴＶ広告の分野については、配信の技術側やユーチューブなどのＳＮＳ側に左右されず、**「テレビ局コンテンツとリテール業との関連データ」**という目線で先行投資の例が待たれるところです。

COLUMN

広告とＡＩ

本書では２０３０年の広告ビジネスを予測することも命題のひとつです。今とまったく違う景色が見えるとすると、それは**広告ビジネスにＡＩが入り込む**ことでしょう。

「売り先軸へのシフトに売り物の作り方改革はできるか」を論じた箇所で、従来の人による作業で広告主ごとに「密に擦り合わせての売り物（サービス）作り」では経営が成り立たないことに言及しました。「売り物作り」改革とは、広告プランニングと実施（エグゼキューション）の革命的省力化、および従来人間技ではできないことを実現する技術革命のことです。逆にいえば革命的な広告のプランニングとエグゼキューション改革が行われなければ、本書で述べているビジネスモデル移行はかなわないかもしれません。

クリエイティブからＡＩが入り込む

筆者はこれまでＡＩとまではいかなくても、ＲＰＡ、機械学習による広告業務の省力化は想定していました。それの対象は最初、現在多くのオペレーション要員を必要としている運用型のデジタル広告の現場のはずでした。

前述のように、自動入札システムは汎用として開発されましたが、各プラットフォーマーが自社サイト内の広告枠には専用のシステムを開発して公開するので、プラットフォーマーごとの対応になっています。一番労力のかかるところですから自動化のニーズは高いのですが、なかなか進みません。

次にエグゼキューションということでは、マス広告の自動化、自動プランニングと自動送稿です。さすがにオンライン送稿は進みましたが、このオペレーションも基本人の手によるものです。プランニングに関しては初歩的なものはあっても代理店内の業務システムに過ぎません。これらを使うとかえって業務量は増える傾向にあります。代理店はクライアントへの説得力強化のためにデータに基づいたプランニングシステムを作ってきましたが、決して省力化が目的ではありませんでした。

期待されるのはこのようなシステムの延長線上ではありません。広告人は自身の存在が危ぶまれるようなシステムを作ろうとはしませんから、現場に任せていては革命的な仕組みはできないでしょう。こういうものは代理店でも広告主でもないサードパーティが作り、直接広告主に提供しようとするときにやっと代理店が腰を上げることになるはずです。

さて、そのニーズからまずは既に述べた業務にＡＩ的な仕組みがスタートするはずでした。しかし、２０２２年になってからどうも様相が変わってきました。**もしかすると、クリエイティブから革命が起こるかもしれません。**「アート」の要素のあるクリエイティブにこそ先にＡＩが入り込むかもしれないのです。

そう思わせるのは、イギリスのスタートアップのスタビリティＡＩが誰でも無料で利用できるように公開した「ステーブル・ディフュージョン」やアメリカのオープンＡＩの「ChatGPT」などの登場によるものです（ChatGPTの話題は、ここでは置いておきましょう）。これらは、「テキストを入力すると画像が生成される」というとても画期的なものです。誰でも使えるので試してみると楽しいです。

しかし、こうして生成される画像の多くは、今まで人が作ってきたものとはまったく違うものです。人の手ではできないものといっていいでしょう。それがアートやクリエイティブの世界に多大な影響を与える可能性があります。広告クリエイティブも真っ先に影響を受けるかもしれません。それも、まずはノンバーバル（言語系ではない）ものからになるでしょう。ブランドのロゴやキービジュアルなど、ブランドを特徴づけるビジュアルをＡＩが創造することになるでしょう。この技術だけでも「アートをお金にするプロ」の広告人たちが指をくわえているはずもなく、ＡＩクリエイティブファームが複数立ち上がることでしょう。

ＡＩによる自動化はマーケティングをつまらなくする？

巨大なデータの中から、相関係数の強いものを見つけてくるのはＡＩが最も得意とするところです。しかし、これらは基本相関関係であって、因果関係ではありません。そしてＡＩは相関の強いところ（つまり効果が期待できるところ）に広告配信対象やクリエイティブメッセージを寄せていく自動化がなされるはずです。

これは結果を最大化することを目的に広告運用をＡＩがすることです。こうなると、なぜそうなるのかを問うのはあまり意味がありません。因果関係が知りたかったら人間が分析してもいいのですが、そもそもＡＩが最適化していて、何かを見つけ出しても実行はＡＩがやっているので、人間が余計な手を出す余地はありません。

その結果、人間がやるマーケティング領域はどんどん上流になります。しかしＡＩはその上流も浸食していきます。下流を最適化するにはマーケティングの上流を最適化しなければならないので、ＡＩはエグゼキューションを最適化するためにマーケティングのほぼ全領域を支配するでしょう。

はっきりいってマーケティングはマーケターにとってまったくつまらないものになる

かもしれません。広告クリエイティブもまた人による創造の喜びを奪ってしまうかもしれません。

それでもビジネスなので、ビジネスの最適化のために人の楽しみや喜びなどは意味がありませんから排除されるでしょう。

広告やマーケティングにおけるAＩの登場はかなり唐突であり、いきなり核心部分に入ってくるのではないかと筆者は考えています。

そうなると広告代理店の中でもプランニングなどを行う比較的給与の高い人員を減らしていくことになりそうです。むしろ現場の実行部隊のほうがまだ必要とされます。筆者はそんな時代に現役でなくて良かったなと思うくらいです。

第7章

激変する業界地図

コンサル系進出と旧来エージェンシーとの交代

次ページに挙げた図は、「グローバルにおける『広告エージェンシー（単体）ネットワーク』ランキング」です。これらの企業ランキングは、「どの企業が上がって、どの企業が下がったか」という個別の成績診断表としてよりも、俯瞰的に「傾向」を知る用途として見る必要があります。アメリカの『Ad Age』誌が継続的に集計している資料をもとに、「2011（あの頃）～21年（今）の比較」として感じられることから「変数」を想定してみます。

エージェンシーの「単体企業ネットワーク」には明らかな上昇組と下降組がいる

この図の2021年ランキングの太字の部分の企業は、いわゆる「コンサル系」からのエージェンシー進出企業たちで、2011年と比較すると、すっかり上位の企業が入れ替

■広告エージェンシー（単体）ネットワークのグローバルランキング（2011年と2021年との比較）

2011年ランキング	億円	⇒	2021年ランキング	億円
Dentsu（Japan）	2,727	1	**Accenture Interactive**	**13,750**
Young & Rubicam Group	2,624	2	**PwC Digital Services**	**9,768**
McCann Worldgroup	2,336	3	**Deloitte Digital**	**9,615**
DDB Worldwide	2,078	4	**IBM iX**	**7,024**
Ogilvy & Mather	1,874	5	Wunderman Thompson	2,903
BBDO Worldwide	1,858	6	Dentsu Japan Network	2,878
TBWA Worldwide	1,360	7	Dentsu International	2,814
Publicis Worldwide	1,120	8	McCann Worldgroup	2,654
DraftFCB	1,120	9	Publicis Sapient	2,460
Euro RSCG Worldwide	1,062	10	TBWA Worldwide	2,147
Leo Burnett Worldwide	1,034	11	Epsilon	2,133
JWT	1,032	12	Hakuhodo	2,013
Hakuhodo	948	13	Havas Creative Group	1,985
Grey Group	813	14	BBDO Worldwide	1,828
Epsilon	770	15	Publicis Worldwide	1,768

※為替レートはそれぞれ当時の$1=80円（2011年）、$1=130円（2021年）を採用（注：これらの数値は「売上」ではなく「売上総利益（Revenue）」）

出典：「AGENCY REPORT 2012」と「AGENCY REPORT 2022：BIGGEST COMPANIES AND NETWORKS」をもとに作成

わっていることがわかります。日本国内に閉じた感覚だと、電通、博報堂、サイバーエージェントが上位に位置することは当然に思えても、グローバル企業を中心としたブランド企業の目線では、アクセンチュア、ＰｗＣ、デロイトという名前が上位に登場することが既に常識化・常態化しています。

その片鱗を表すものとして、**「コンサル系」と「旧クリエイティブエージェンシー」との区別が付けられなくなったこと**があります。たとえば、２０２２年2月のスーパーボウルでの60秒スポット広告では、60秒間ずっと単なるＱＲコードが黒い画面上にテレビゲーム時代の「ブロック崩しゲーム」のように画面の端に当たってはバウンドして戻る動きを繰り返すだけの映像が流れました。ナレーションも社名もロゴすら登場しない、情報量が極小のアイデアでした。広告主はコインベースで、タイトルは「Less Talk, More Bitcoin（会話を減らして、とにかくビットコインへ）」、そしてクリエイティブエージェンシーが「アクセンチュア ソング」（後述）でした。わずか60秒間流れただけにもかかわらず、スマホ経由のＱＲコードアクセスが2千万回を記録しました。ソーシャルプラットフォームを経由しない、まさに「ダイレクト」にユーザーとつながるアイデアでした。その後、この広告は、放映から4カ月後の6月に開催されたカンヌライオンズの「ダイレクト部門」にて見事金賞を受賞しています。

Droga 5のCEOがアクセンチュアのCEO兼任へ

あの無機質なコンサル企業のイメージを持つアクセンチュア（インタラクティブ）が「クリエイティブでカンヌの金賞を取る」などとは「夢にも思わない」「ちょっと考えにくい」ジャンプの仕方です。その「転機」はアクセンチュアが買収したニューヨークの「Droga 5《ドロガ・ファイブ》」のCEOであるデービッド・ドロガ氏が、２０２１年９月にアクセンチュア インタラクティブのCEO兼クリエイティブチェアマンとして就任している作用が大きく働いています（アクセンチュアはDroga 5を２０１９年４月に買収しています）。

超大物クリエイターがトップに立てば、瞬時に企業全体の「クリエイティブ」や「コンテンツの質」に変化が生まれる好例です。その後、ドロガ氏は22年4月に無機質な「アクセンチュア・インタラクティブ」のユニット名を「アクセンチュア ソング」に変更しています。

もちろんソングの意味とは「歌」です。歌にはメッセージや魂がこもっていて、それでいて人とテクノロジーの融合の土台があり、さらに親しみのあるネーミングとなっており、**事業の脱皮（イメチェン）の意図**がうかがえます。

225ページに挙げた新興とされるコンサル系（図の太字）の企業たちが、一様にクリエイティブな側面を持つわけではありませんが、このような**垂直M&A**（コンサルティング企業がクリエイティブエージェンシーを買収する）によって起こりうる「変数」を読み取る材料として取り上げました。

旧来のエージェンシーは対症療法のつなぎ合わせ

再び225ページの図を見てください。これを見ると、旧来型のエージェンシーの中で「耐えている」グループと「脱落する」グループがあることがわかります。たとえば、2021年に突如登場した5位の「Wunderman Thompson（WPP）」とは、もともとWPPの同じグループのWunderman社とJ. Walter Thompson社を合併させて、ようやくこの順位に留まっています。

図の点線は、売上総利益の数字の近似値を比較する補助線として引きました。長らく電通は世界一（の単体ネットワーク）として君臨していましたが、2021年のランキングでは「Dentsu Japan」は6位に順位を下げています。しかし、電通の売上総利益そのものは減っているわけではなく、むしろイギリスのAegisを買収することで、「日本」部門に加えて「国際」部門が加わってその額は倍になっています。ところが、「倍になった」電通グループ（ホールディングス）でも、アクセンチュア、ＰｗＣ、デロイトの成長には追い着いていません。

変化の解説を続けます。２０１１年時点で2位だった「Young & Rubicam（ＷＰＰ）」は、同じＷＰＰ傘下の「ＶＭＬ」との合併によって新設された「VMLY&R（ＷＰＰ）」の大型ユニットになっているはずなのに、21年では圏外に落ちて売上総利益は合併後でも6割減で16位です。

また、２０１１年時点で5位の「Ogilvy（ＷＰＰ）」も3割減で18位に落ちています。これらＷＰＰホールディングスだけでなく、ＴＢＷＡやＤＤＢなどのレジェンド・エージェンシーも減額&圏外になって名前が消えました。これらの個々の傾向が合わさるホールディングスを見れば、何かが見えてきそうです。

次に、これらのエージェンシー単体ネットワークを束ねる「ホールディングス」のランキングを見てみましょう（次ページ図参照）。これを見ると、意外にも２０２１年の上位3社は、旧来おなじみのＷＰＰ、Omnicom、Publicisと続き、その下に太字の現在上り調子にあるコンサル企業が位置付けています。

また、3千億円台で区切った点線に注目すると、電通グループのホールディングスとし

■エージェンシー「ホールディングス」のグローバルランキング（2011年と2021年との比較）

2011年ランキング	億円	→	2021年ランキング	億円
WPP	12,842	1	WPP	19,372
Omnicom Group	11,098	2	Omnicom Group	15,718
Publicis Group	6,469	3	Publicis Group	15,279
Interpublic Group	5,612	4	**Accenture Interactive**	**13,750**
Dentsu Inc.	3,254	5	Interpublic Group	11,265
Havas	1,833	6	Dentsu Group	10,876
Hakuhodo DYH	1,547	7	**PwC Digital Services**	**9,768**
Aegis Group	1,457	8	**Deloitte Digital**	**9,615**
MDC Partners	754	9	Hakuhodo DYH	8,278
Alliance Data S	678	10	**IBM iX**	**7,024**
Acxiom Corp.	655	11	Cheil WorldWide	3,188
Sapient Corp.	549	12	Vivendi/Havas	3,047
Edelman	503	13	Stagwell	2,447
Asatsu-DK	464	14	Innocean Worldwide	1,437
Aimia	459	15	Advantage Solutions	1,357

※為替レートはそれぞれ当時の$1=80円（2011年）、$1=130円（2021年）を採用（注：これらの数値は「売上」ではなく「売上総利益（Revenue）」）

出典：「AGENCY REPORT 2012」と「AGENCY REPORT 2022：BIGGEST COMPANIES AND NETWORKS」をもとに作成

■五大広告ホールディングスの時価総額（2023年２月）

Publicis	2.67兆円（205.0億ドル）
Omnicom	2.47兆円（190.0億ドル）
IPG	1.89兆円（145.2億ドル）
WPP	1.70兆円（130.6億ドル）
電通グループ	1.18兆円

参考：サイバーエージェント：0.60兆円、博報堂DYH：0.59兆円

ての３倍以上の成長が見え、アクセンチュア、ＰｗＣ、デロイトなどと競り合っているのがわかります。

日本の読者としては、博報堂の上位上昇ランクインが気になるところです。これについては、おそらくＤＡＣ（デジタル・アドバタイジング・コンソーシアム）の非上場化と吸収が影響を及ぼしている数字と思われます。その意味では、「Young & RubicamとＶＭＬ」の合わせ技の事例とは対照的で「良い結果を作った」と思います。

上図は２０２１年の集計を23年時点で眺めた様子（22年版の集計が発表される前）で、少し現在と時差があります。参考までに、現在の瞬間速度計である「時価総額（２０２３年２月）」で並べ替えてみました。

この時価総額では、多大な事業を含むコングロマリットのコンサル系企業は除き、五大広告ホールディングスで比較してみました。世界一だったはずのＷＰＰは、いつの間にか競合のPublicisやOmnicomの６割程度のサイ

ズに縮小しており、電通グループが肉薄する様相にも見えます。

なお余談ですが、次節で紹介するマーチン・ソレル氏のＳ４キャピタルの２０２１年の売上総利益は約1千億円（8・3億ドル、6・9億ポンド）となっています。この調子で成長すれば、来年の「ホールディングス」のランキングでは20位あたりに登場することが予想できます。

S4キャピタルは史上最後のエージェンシー

「広告エージェンシー」の看板で起業する「史上最後」のグローバル広告会社と題して、日本ではまだ注目度の低い「S4 Capital」（以下、S4キャピタル）のビジネスモデルを紹介します。同社の事業運営や成長の背景を見ることで、日本での広告・マーケティング事業の次のヒントとします。

S4キャピタル登場以来、最近5年、いや10年までさかのぼっても、この広告エージェンシーの業態（ブランド企業の広告の代理業務）でグローバル展開する企業事例を見かけないことから「史上最後」としました。しかし、同社のアプローチは、他業種では既に定番化しつつあるもので、同社について知ることで次につながる事業へのヒントになりうるかと思います。

S4キャピタルが見せる「先行モデル」のアプローチで成長している様子は、日本でもスタートアップ企業やD2Cビジネス（特にCPGブランド）、そして広告・マーケティングを提供する事業において、産業を越えた「応用変数」になる片鱗が含まれていそうです。

「広告エージェンシー」という事業カテゴリーは、どれほど「デジタルです」「DXです」と名乗っていても、**「固定広告枠の販売スケール化」に依存した事業拡張モデル（経営）**に過ぎませんでした（第8章「既存メディアを売るための仕組みの崩壊」参照）。新聞やラジオの広告枠の販売の時代から移動して、ウェブ検索枠やバナー枠、SNSネイティブ枠と、デジタル上の「枠」メニューが加わっただけで、「枠」が軸にあることに大きな変化はありません。

この広告枠を売る事業を軸にしつつも、グローバル市場に向けて新規事業として「広告事業（マーケティングサービス）」のエージェンシーとして起業するには、既に旧来の策が尽きていると思える状況でした。

広告を代理業務で受注するエージェンシー・ビジネスの終焉

100年以上の歴史を持つ電通や博報堂、世界で同様の長い歴史を持つOgilvy & MatherやBBDOなどが、古来の広告エージェンシー（代理店）として存続しています（いました）。さらに近年では、R／GAやAKQA、Droga 5などがデジタルエージェンシー事業として登場していました（なお、これらの広告エージェンシー事業としての区分は、グーグルやフェイスブック、アマゾンなどのプラットフォーマー〈広告媒体〉企業は含みません。あるいはThe Trade Deskなどのアドテク〈DSP／SSP〉企業なども除きます。ここでの広告エージェンシーとは、ブランド企業の代理役であり、「広告業務をエージェンシーとして代理して実行」する企業とします）。

100年の歴史がある広告エージェンシーも、その機能やクライアントの効率向上（ダブりの解消）と称して、レガシー部門が統合されたり、縮小されたりする傾向があります。たとえば、1864年創業のJ. Walter Thompsonの名前もWunderman（CRMサービス）と統合されてWunderman Thompsonとして編成されることで旧名称は消滅しました。また、1923年創業のYoung & RubicamはVML（デジタルエージェンシー）と統合されてVMLY&Rの新名称となり、旧名称は消滅しました。R／GAも自慢のニューヨークの旗艦オフィスを閉じました。

S4キャピタルの概要

これらの旧エージェンシー業態が衰退、終焉とも思える中で、S4キャピタルが登場しています。ここで同社の概要を紹介しておきましょう。S4キャピタルの創設者のマーチン・ソレル卿《きょう》を知ることから始めます（※マーチン・ソレルはイギリスの叙勲制度における栄誉称号「Sir」をエリザベス女王から授与されています。本書では敬意を持ちつつ略し、ソレル氏で統一します）。

ソレル氏は世界一の広告エージェンシーグループであるWPPを創業した人物です。1985年にWPP（Wire and Plastic Products）を創業（買収）し、JWT、Ogilvy、Y&R、Grayなどのグローバルエージェンシーを M&A で傘下に収め、15年ほどでWPPを世界一の広告ホールディングスに成長させ33年間運営してきました。そのソレル氏は、2018年にWPPを退任します。このとき、既に73歳でした。ここで引退かと思いきや、ソレル氏は同年にロンドン証券取引所に上場しているSPAC（特別買収目的会社）へ自己資金約58億円（5300万ドル）を注入してさらに資金調達を行い、S4キャピタル社を設立します。WPP離脱から1年以内に株式市場（上場会社として）に戻ってきた離れ業でした。

S4キャピタルの「先行モデル」のアプローチ

これまでの広告エージェンシーの経営として「似て非なる」モデルとして、S4キャピタルの5つのアプローチを紹介します。

①金融市場（株式上場市場）ありきで起業時から上場市場でスタートする

小さくスタートして徐々に大きくする旧来概念ではなく、最初から大きなビジョンに向けた市場を目指し、山登りの筋道と方法を準備してスタートしています。

②グローバルを起点として（本社ロンドン）、グローバルクライアントの成長にフォーカスしている

日本ローカルで成功してからグローバル進出という過去起点の駒進めではなく、最初から未来起点のグローバルから逆算しています。本社の位置すら、そのグローバル運営に伴った最適な場所を選んでいます（例：ロンドン、シンガポール、ダブリン、デラウエア）。

③最初の扱い規模が小さくとも、「今後伸びる」テック系クライアント（スタートアップを含む）を中心としたポートフォリオ

「サラブレッド」「ユニコーン」の素養を持つテックスタートアップを見極めた上で、その企業（起業）への先行投資から、共に拡大成長するビジネスモデルを構築しています。

④旧メディアの広告扱いは見向きもせず、グーグル、フェイスブック、アマゾンなどのデジタル基盤の広告に伴うコンテンツ配信

ＧＡＦＡＭの成長に逆らわず、デジタルの伸びしろに向けて、伸びるだけ伸ばしています。その伸びている間に新しい分野を見つけて、次の再投資を先行で行っています。

⑤収益構造として「コンテンツ：メディア」の利益比率がコンテンツ主導の「7：3」

「メディア」投下の受注高は安定的な基盤収入としつつ、その上で事業変数として大きい「コンテンツ」「クリエイティブ」の提供へ向けた投資を行っています。

■キャピタルの２軸「デジタル・コンテンツ」と「デジタル・メディア」

それぞれについて詳しく見ていきましょう。

①金融市場（株式上場市場）ありきで起業時から上場市場でスタートする

アプローチの１つ目は、「金融市場（株式上場市場）ありきで起業時から上場市場でスタートしている」点です。グローバル展開をするための金融市場のツボ（レバレッジ）を知る手法がここにあります。実は、この「方程式」に気づけていない日本企業（Ｄ２Ｃ企業）は多いので１つ目の要素として紹介しました。

Ｓ４キャピタルは２０２１年にコンテンツ側エージェンシーとしてMedia.Monksを買収し、さらに同年デジタルメディアバイイング（配信）側エージェンシーとしてMightyHiveを買収して事業を拡大させました。現在はこの2社を一体化させて、Media.Monksの事業名で展開しています。S4キャピタルはロンドン証券取引所に上場する上場企業で、2023年で創業5年目です。

S4キャピタルの主軸2社を「一体化」させるのがソレル流

ソレル氏は、2018年から現在のエージェンシー・ホールディングス（持株会社）による「買収した会社を縦割りサイロ状態で持ち続ける」という形式は古くなった（もう機能しない）と発言していました。ソレル氏は「Dentsu Model（One Dentsu：ワン・マネジメント・チーム）」が、自然に組織の機能統合化ができている理想と述べていた時期もあります。前ページの図のデジタル・コンテンツの「MEDIAMONKS」とデジタル・メディア広告の「MIGHTYHIVE」のサービスを1社化させたのはその言動一致の結果で、現在は「One」の合言葉も（あやかって）掲げています。

②グローバルを起点としてグローバルクライアントを成長させている

次ページの上図は、2021年第3四半期の「S4キャピタルのクライアント内訳」の

■S4キャピタルのクライアント内訳（2021）

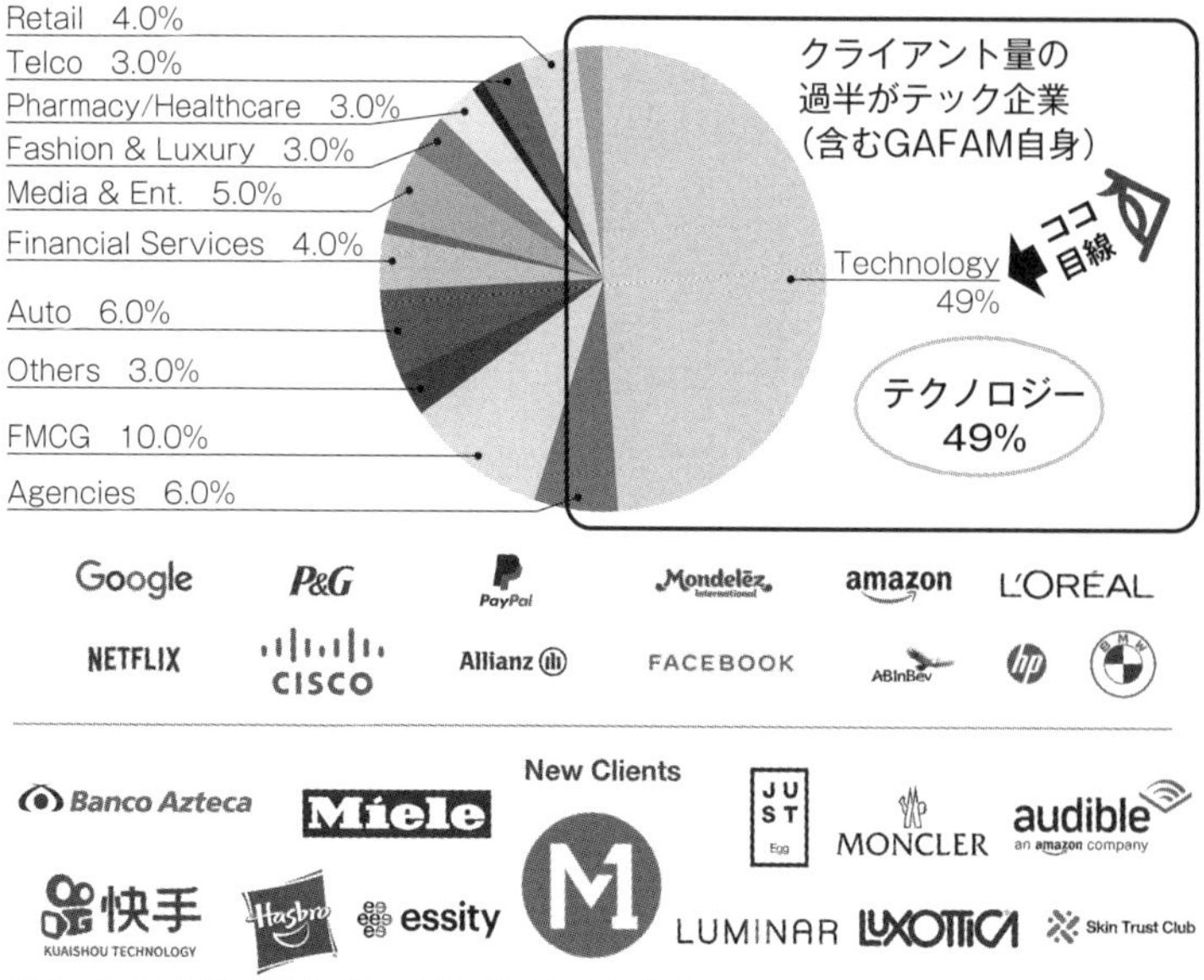

出典：S4キャピタルのIR資料（2021 Q3）をもとに作成
URL：https://www.s4capital.com/data/production/2021-11/S4%20Capital%20Q32021%20Trading%20Update.pdf

■S4キャピタルのオフィシャルサイトのトップページに登場する「ONE」の文字

出典：S4キャピタルのオフィシャルサイト
URL：https://www.s4capital.com/

様子です。現在も引き続きこの約半数が「テック系クライアント」という比率です。22年のS4キャピタルの会見でも、アルファベット、メタ、アマゾン、マイクロソフト、ヒューレット・パッカード、セールスフォース、アドビを主要テック系クライアント名として公開しています。

③最初の扱い規模が小さくとも「今後伸びる」テック系クライアントが中心

次ページの図は、S4キャピタルのクライアント規模別の売上総利益＝粗利の内訳です。その成長の様子を比較できるように、上（2021年）と下（2022年）に利益構造が「ほんの1年」の間でもシフトしている様子がわかるように並べてみました。

注目は図の右側の利益規模が小さい会社（売上総利益が1億円未満）がどんどんと左側の利益規模大手のクライアント（売上総利益が15億円以上）に成長している様子です。たとえば15億円以上のクライアント数は2021年が6社だったのが、22年には11社に増えている、という具合でどんどんと左側へ（規模の大きい側へ）シフトアップしているのがわかります。S4キャピタルは、最初は規模の小さいクライアントでも爆発的に成長するテック系クライアントの目利きとして成長させている様子がわかります。

■S4キャピタルのクライアント規模別の内訳と成長度合い

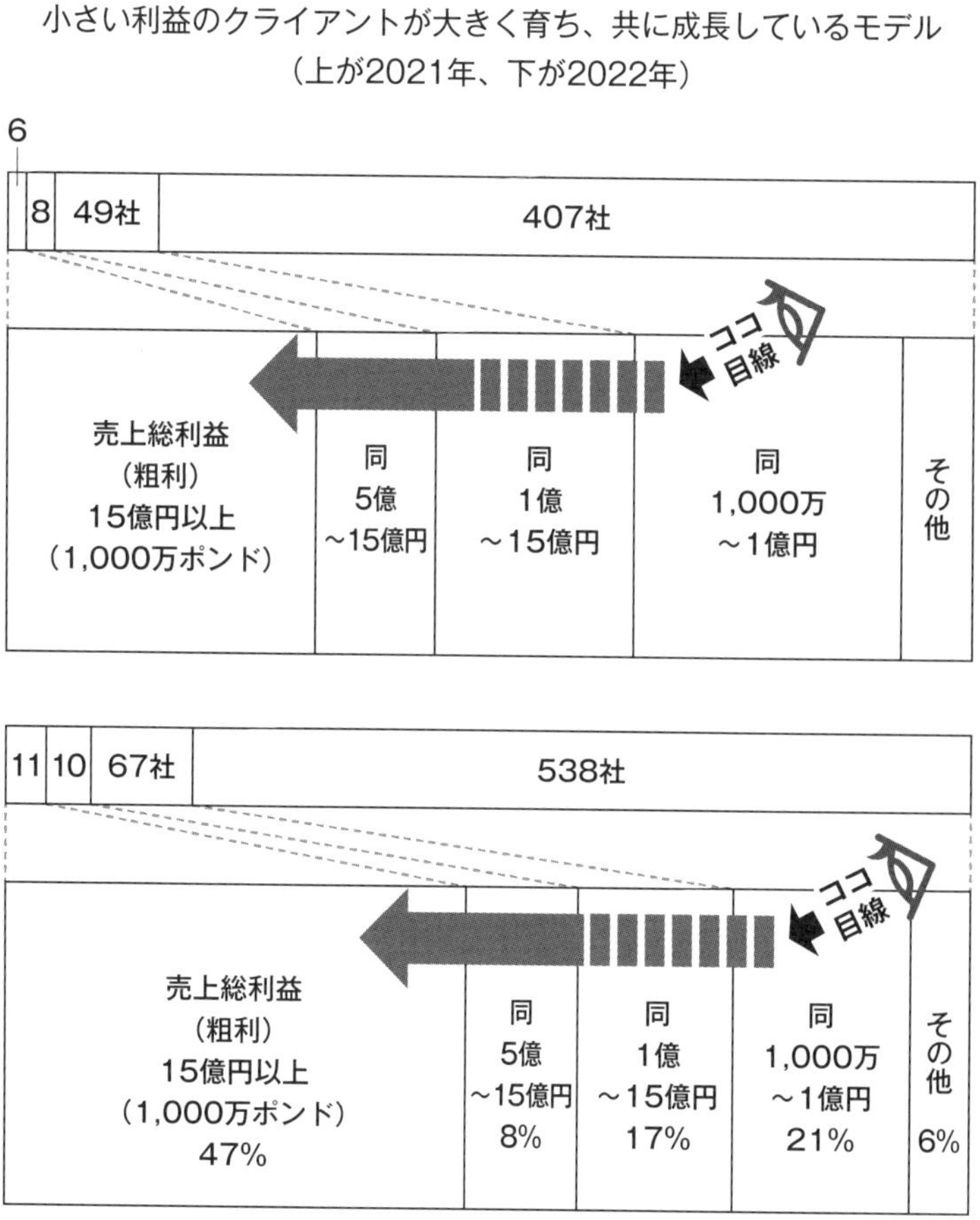

小さい利益のクライアントが大きく育ち、共に成長しているモデル
（上が2021年、下が2022年）

出典：S4キャピタルのIR資料（2021 Q3）をもとに作成
URL：https://www.s4capital.com/data/production/2021-11/S4%20Capital%20Q32021%20Trading%20Update.pdf

エージェンシーとして「伸びる顧客」と仕事をしたいのは当然ですが、その顧客に絞って仕事をするためには、「先出しでの新・コンテンツやテクノロジー（初めての仕様や、開発）投資」を次から次へと提供する意志や姿勢が求められます。図で示されているのはS4キャピタルが「受け身のコンサル」ではなし得ない「動的な」クライアント・ポートフォリオを作っている証しです。その成長ドライバーとしてアプローチ④・⑤に続きます。

④旧メディアの広告扱いは見向きもせず、デジタル基盤の広告に伴うコンテンツ配信

S4キャピタルは、主要「デジタル」プラットフォーマー（グーグル、フェイスブック、アマゾン、ティックトックなど）の成長の伸びしろに（2018年の起業時当初から）キッチリと寄り添っています。S4キャピタルの事業分野は「広告（デジタル広告）」の土俵でのビジネスに見えても、さながら金融商材としてのM&Aの組み合わせ手法が大きく作用しています。

⑤収益構造として「コンテンツ：メディア」の利益比率がコンテンツ主導の「7：3」

次ページの図はS4キャピタルの2021年通年と22年の第3四半期まで（通年での成績ではない直近9カ月分）の財務諸表です。同社の事業区分として「コンテンツ」と「データ&デジタルメディア」「テクノロジーサービス」の項目が見えます。

コンテンツとテクノロジーサービスで約7割以上の収益を上げている様子がうかがえ、データ&デジタルメディアの扱いは3割ほどです。22年は9カ月で既に前年を超えている成長もうかがえます。

クライアントのコンサルではない新しいコンテンツの提供者

日本では「クライアントに寄り添おう」とするコンサル姿勢が多く見受けられますが、S4キャピタルでは「何がほしいですか」の受け身受注ではなく、「これ、おいしいよ。ほしいですか（新コンテンツ）」と先出しする側（かつての日本の商品メーカー）の立ち位置で事業を伸ばしています。（相手にとって）良かれと思うことをせっせと提供するのは、

■S4キャピタルの心臓部「コンテンツ＋テクロノジーサービス」が約7割、「データ＆デジタルメディア」が約3割の比率

	2022年9カ月		2021年通年	
売上総利益（Revenue）	1,000億円	（100%）	896億円	（100%）
コンテンツ	656億円	（65.6%）	617億円	（68.8%）
データ＆デジタルメディア	252億円	（25.2%）	267億円	（29.8%）
テクノロジーサービス	92億円	（9.2%）	12億円	（1.4%）

出典：S4キャピタルのIR資料 2021年Annual Reportと2022年第3四半期発表資料より作成
※1ポンド＝160円で換算

スタートアップとしての王道でしょう。

S4キャピタルの事業は、デジタルメディアの広告配信企業としてMightyHiveを買収し、デジタルメディアの扱い（売買）も重要な柱のひとつではあります。しかし、統合した名前がコンテンツ側の企業「Media.Monks」の名前に寄せたことからも、「ONE」事業としての「主要な儲け、需要の広がる事業」は、「コンテンツ＋テクノロジーサービス」であるぞ、と掲げています。コミュニケーションの最大変数は配信するメディアよりも、「コンテンツ（を支えるテクノロジーサービス）」であると、そもそものマーケティングの基本が見えます。

注目はアプローチの①と②

アプローチの③〜⑤は、日本市場に閉じたエージェンシーでも「できる」「トライしている」「納得できる」事

項かもしれません。

ここで注目したいのは、「アプローチ①：金融市場（株式上場市場）ありきで起業時から上場市場でスタートする」と「アプローチ②：グローバルを起点として（本社ロンドン）、グローバルクライアントの成長にフォーカスしている」です。

「広告」というスケールを必要としつつ、かつ成長させる事業モデルの場合、経済成長が鈍化・止まっている市場に留まっていては、大きな成長がありません。

もちろん、たとえば札幌や博多という地方に特化したエージェンシーが存在することも喜ばしいことですが、この規模ならばわざわざ株式市場（金融市場）での資金調達はせずとも、「家内制」の範囲でも十分でしょう。（爆発的な）大きな成長を望まないならば、注ぎ込む資本も必要がない（＝集まらない）という循環が生まれます。これは「日本市場に閉じている」という起点ビジネスでも、世界の海原を流れる金融市場から見れば、動きの小さな淀みの市場として考えられます。

S4キャピタルは上場市場を知り尽くしたソレル氏ならではの手法ですが、それだけに成功への方程式として裏付けられたゲームルールの感があります。日本企業でも視点を日本から世界へ延長させる方法だけでなく、**世界から世界へ向けての方法もあること**を意識してください。

日本の有力エージェンシーの現状と今後

2014年に刊行した『広告ビジネス次の10年』では、日本の広告ビジネスビッグ3を電通、博報堂、ADKと捉えていました。電通、博報堂は当然ですが、世界最大の広告代理店グループWPP傘下だったADKも、WPPのバックアップを加味していました。

しかし現在、日本のビッグ3は電通、博報堂、サイバーエージェント（CA）に変わりました。デジタルを軸にしたマーケティング活動が主流となった今、CAの優位は揺るがなくなっています。しかもCAのビジネス展開は従来の広告代理店とは違います。メディア事業を展開しつつ、ゲーム会社としては多くのテレビCMを広告主として出稿し、グループには化粧品ブランドを展開する企業もあります。

これらのビジネス展開はいずれも**エージェンシーとしてクライアントに提供する知見を生んでいます。**クリエイティブも従来のエージェンシーの職人芸とは一線を画し、**自動生成によってより効果のあるものに寄せるなど、データをもとに科学的アプローチをしてい**

ます。クライアントも「少し試してみようか」と考えてみたくなる試みです。

電通グループの現状と今後

さて、日本の広告ビジネスの業界地図の現状とこれからを考えてみましょう。

まずは電通グループと博報堂ＤＹグループを対比してみます。

電通グループは、グローバルには英イージスを抱える巨大エージェンシーグループで、世界のトップ5の一角です。日本でのデジタル対応力も整備がほぼ出来上がったといえるでしょう。電通本体の背後に、電通デジタル、ＣＣＩ、セプテーニなどのデジタル実行部隊を編成し、デジタル案件のケーパビリティを確保しました。電通デジタルはＤＸコンサルに対応する集団になっています。アクセンチュアと電通デジタルが真っ向から競合している話はよく聞きます。

『広告ビジネス次の10年』では、グローバルとデジタルは表裏一体と書きました。売上の50％以上を海外で稼ぐ電通グループですが、やはり日本のデジタル化は今までのところは国内ローカルの独自対応になります。グローバルなデジタル力を日本に応用するのは簡単ではありません。

筆者は電通デジタル発足時に、同社が電通本体と競合するくらいに自らフロントに立って直接広告主と取引することが重要と考えました。しかし現状、一部ではフロントを取ることもあるようですが、本体との協調は欠かせないようです。アクセンチュアなどがＤＸコンサルから一部エグゼキューションにまで侵攻してきている現在、グループ内で競合するほどの余力はないのかもしれません。

また電通本体のフロント、つまりＢＰ（ビジネス・プロデュース）局のビジネス展開力は筆者が考えていたよりも進化しています。早々にメディアの広告枠の売り手という意識を脱して、まさに**ビジネスを創り出す集団**という思考が浸透しているといえるでしょう。

筆者はその昔、日本広告学会の元会長小林保彦先生とアカウントプランナー機能について社内で若手社員とセッションをしたことがあります。そのときに筆者が考えたアカウントプランナーとは、クライアントに提案するプランニングのプロデュースに留まらず、アカウント（どうやって稼ぐか）をプランニングする役割でした。既にビジネスがメディアマージン以外にも広がりを見せており、利益率が大きく違うさまざまな仕事はトップライン（売上）では指標にならなくなっていたからです。

しかしＢＰの発想は、方向は同じでもはるかに進んでいます。そもそも電通は国際会計基準を採用しており、この場合広告代理店における売上（トップライン）とは売上総利益

（グロスインカム）となります（第9章の「『売上総利益』と『売上』の違いを区分して経営しているか？」で詳しく解説します）。

電通はこのビジネスプロデュース力を発揮して、新しいビジネスモデルを開発するチャンスをいくつも獲得するでしょう。それらをサテライト的に電通本体機能と連動させることで、「ビジネスおよびマーケティングをサポートする企業」として第一の選択肢になるかもしれません。それには潜在力としてのグローバルデジタル（イージスの機能）をどう国内にも展開できるかにかかってくるでしょう。

博報堂ＤＹグループの現状と今後

一方の博報堂ＤＹグループを見てみましょう。

博報堂ＤＹグループのデジタル対応力の中核はＤＡＣです。ＤＡＣの売上はＡＤＫに匹敵するくらいにまで大きく成長しています。創業メンバーである筆者も鼻が高いのですが、グループのメディアバイイング会社博報堂ＤＹメディアパートナーズの矢嶋弘毅社長が創業時からＤＡＣの社長を務め、デジタル側から全メディアを扱うトップになっているのは大きいでしょう。メディアパートナーズとＤＡＣの一体感は非常に高いと思います。

さらに、もともとはSEM（サーチ・エンジン・マーケティング）の会社だったアイレップが、デジタルエージェンシーとして成長しています。博報堂、大広、読広とともにフロントを取ることが多くなっていて、筆者の持論である**「デジタルエージェンシーがフロントを取れ」**を体現しているように思います。アイレップは購買直前のリスティング広告から機能を上流に向けて上っていくアプローチであり、博報堂のそれとは逆になります。たとえばテレビ×デジタルは、博報堂はテレデジ、アイレップではデジマスという具合です。

フロントを取れる2つのエージェンシーがフルファネルで対応するものの、そのアプローチ法が違うのはクライアントにとっても良いことでしょう。

しかし、博報堂グループは電通デジタルほどのDXコンサル力に欠ける面があります。下流のデジタル広告扱いでは電通グループと互角以上の体制を作り上げたので、**これからはコンサルファームとの提携、SIerとの提携などでDXコンサル力を強化するでしょう。**

このようにシステムインテグレータとエージェンシーとの提携は面白いと思います。電通には電通ISIDがグループにあります。博報堂DYグループとしてはガッチリ組むSIerがあっても良いでしょう。というのも筆者はSIerのコンサルをしたことがありますが、どうしても受け身の存在であり、マーケティング知見もないので提案力に欠けるのがSIer

です。これはそもそもSIerの多くの社員のパーソナリティが「受け身」で「おとなしい」が「生真面目」で「最後まで逃げない」というものだからです。従来、情シスとだけやっていれば良かったＩＴ化はマーケティングのデジタル化という概念までいくと、相手は営業、マーケ、宣伝広告など企業の顧客と対峙している人たちになります。彼らは同じ会社にもかかわらず、情シスとは文化も言語も違ってきます。そこでエージェンシーと組む策はあるのです。逆にエージェンシーもメディアで稼ぐのではなくシステム導入で稼ぐビジネスモデルを得られます。

博報堂ＤＹグループにはこうした戦略もあるかと思います。もちろんＤＸコンサル力を強化する必要があることはいうまでもないでしょう。

博報堂ＤＹグループの一番の課題はグローバル化です。国内では非常に強いのですが、海外では赤字です。日本のデジタル化が非常にローカルなものであったのは幸いしました。しかし、今後のグローバル化は今となっては広告事業ではないかもしれません。

サイバーエージェントの現状と今後

三大エージェンシーの一角はサイバーエージェントです。前述のようにＣＡの強みは、代理店事業以外にも主力となる収益事業があり、グループとしてゲーム事業やメディア事業、化粧品ブランド事業などがエージェンシーとしての提案力につながるという好循環をもたらしている点です。若い活気のある企業文化で、これからも新たな事業展開を見せるでしょうし、それらはまたエージェンシーとしての面白みや厚みを増すことにもなります。

ＣＡの出自はネット広告ですから、ウェブマーケティング広告主からスタートしていますが、今ではＣＰＧのクライアントも多く顧客にいます。これは若いＣＡ文化の営業担当者の積極的な営業活動もさることながら、マス広告クライアントも第3の選択肢としてＣＡを加えたくなる企業としての演出力があります。

しかし順調に成長してきたＣＡのこれからの課題は、**社員の知見がデジタルに偏っていること**です。マーケティングのデジタル化とはアナログな施策も含めてそのプロセスをデジタル思考に変換することですから、アナログなアウトプットの実際も熟知していないといけません。ただデジタルに偏っていることは、強みでもあります。電通や博報堂のようにマーケティング支援事業が軸になっている場合、統合型ソリューションの提供を強いられますが、ＣＡは何もマーケティング支援に関わることはないからです。

筆者は取引もあって彼らの黎明期をよく知っています。当初は電通や博報堂からも人財が来て立ち上げに貢献しましたが、次第に旧代理店文化であるマーケティング支援に軸を置くスタンスから、メディア事業、ゲーム事業と新たな企業文化に進んでいきました。これが大成功の鍵でした。

アベマＴＶも広告以外の収益手段を見つけるなどの赤字脱出策があると思います。今後も彼らはＣＡ文化を核にした事業展開をするでしょう。そうなるとだんだん電通や博報堂とはあまり競合しない企業になっていくかもしれません。

電通や博報堂の競合になるのは？

電通や博報堂の競合の主役は**コンサルファーム**になっていくでしょう。ただし、コンサルも戦略系、総合系、ＩＴ系という上流からの構造があり、電通デジタルのＤＸは広告マーケティングのそれです。もちろんマッキンゼーやボストン・コンサルティング・グループが電通デジタルと競合しているわけはありません。

戦略系コンサルのＤＸは全社改革で財務インパクトの大きな打ち手としてデジタル領域も組み込まれたプロジェクトです。規模も10億～１００億円に及びます。ただ需要は小さくなりつつあります。

総合系コンサルは部門対象規模で開発やＰＭＯ（プロジェクト・マネジメント・オフィ

ス）込みで行うケースが多いでしょう。伴走して長期間になりがちです。ＳＡＰやＳＦＤＣの導入が食い扶持になります。

ＩＴコンサルは、人材派遣を含めたＩＴ部署支援型コンサルです。ＩＴ人材が枯渇しているので、最近はかなり高いフィーが取れているようです。この領域は相変わらず旺盛な需要があります。

そしてＤＸコンサルでも広告マーケティング領域コンサルが、まだＩＴコンサルに比べればはるかに小さな市場ですが芽吹いてきており、ここで総合系、ＩＴ系を手掛けているアクセンチュアと電通デジタルが競合したりします。アクセンチュアがＩＭＪを買収したのは２０１６年、21年には吸収合併し、ウェブ制作などのエグゼキューションを手に入れました。クリエイティブ能力も強化しており、電通・博報堂の領域を虎視眈々と狙っています。

■ 2030年までの大きなトレンドは？

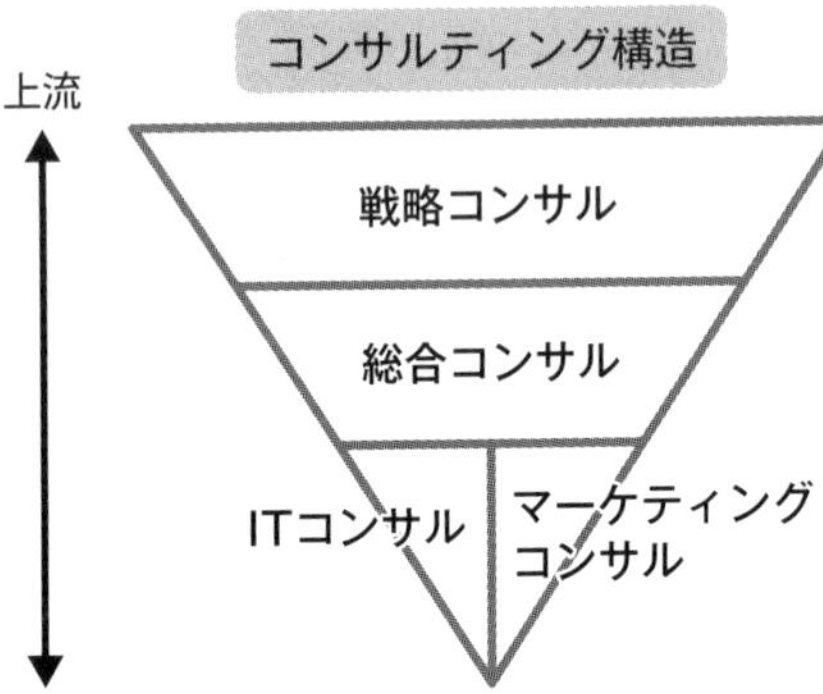

ただ、ＰＯＥ（ペイドメディア、オウンドメディア、アーンドメディア）でいうとオウンドメディア制作が実行領域ですから、ペイドもアーンドも実務もこなす必要があります。日本でペイドメディアのバイイングを手掛けるにもハードルが高いでしょうから、アーンドメディアのエグゼキューション能力獲得に動いてくるでしょう。

ここを電通も博報堂も明け渡すとピンチです。ＳＮＳなどはそこで直接得られる扱い高は大きくないですが、消費者インサイトの発見やコミュニケーション設計の起点をＳＮＳから発想できるなど、抑えておくことが大変重要な分野です。

第8章

広告代理店のビジネスモデルの激変

既存メディアを売るための仕組みの崩壊

本章で取り上げるテーマは『広告ビジネス次の10年』でも主題として取り上げていたことです。「そうはいっても、まだまだ既存メディア枠を販売して広告代理店は成り立っているじゃないか」という声もあるでしょう。しかし、売上利益を伸ばしている広告代理店が実質的に売っているのはメディアの枠のみではなく、**最適なメディアプランニング**です。

ここ十数年間で広告代理店の売り物は「予約型広告」から「運用型広告」へと大きくシフトしました。これは広告代理店が売り先ごとにほとんどすべてをカスタマイズしなければならなくなったということです。もともとクリエイティブなどは個別カスタマイズしたプランを提供するわけですが、メディアに関してはありものを組み合わせれば良かったのです。

ところが、メディア扱いまでが売り先ごとにカスタマイズしなければならなくなりました。しかもメディアマージンは従来と同じかむしろ低いのです。代理店の労力と負荷は拡大しました。従来のように、メディア扱いを獲得するためにその全体のプランニングフィーはタダでもいいというわけにはいかなくなったのです。

電通の営業機能の進化

広告メディア市場は、ネット広告の伸長とマス広告の縮小でほぼゼロサム状態です。確かにメディアを売っているのですが、プロダクトアウト的な枠、つまりどのクライアントにも同じものを売り歩く商品は、この20年で圧倒的に縮小しているでしょう。その意味では、広告会社がクライアントに対してフロントに立つ人財に求めることが大きく変わりました。

その時代の要求にしっかり応えてきたのは電通のフロントだと思います。筆者が広告代理店に入社した1982年、私の会社では媒体部門つまり新聞、雑誌、ラジオ、テレビといったメディアとのパイプ役の部署を「連絡」と呼んでいました。「新聞連絡」、「雑誌連絡」というようにです。一方、その頃電通では営業として広告主とのパイプ役のことを「連絡」と呼んでいました。つまり電通は媒体社から「枠」を買い取ってくるのが頭で、それを売り歩くのが手足でしたが、電通以下の代理店はクライアントから受注してくるのが頭で、それを仕入れに行くのが手足とされていました。

しかし、前述のような広告業の機能の変遷の中で、電通は**営業の機能を手足から頭に、また単に広告業務という概念を超えて進化させました**。アカウントプランナーから、今ではビジネスプロデューサーという機能概念を定義しています。これはまさに既存の枠を売る仕組みからの脱却であり、広告という概念をも超えたビジネス開発をも意味する機能をフロントマンに担わせたことになります。

デジタル化の次に来る広告代理店のビジネス変革

電通の営業機能の進化が象徴的であるように、広告メディアの半分以上がデジタル媒体になったことで広告代理店のビジネスの内容は一変しました。

そして電通のビジネスプロデュースという概念こそ、デジタル化の次に来る広告代理店のビジネス変革を示唆しています。

広告代理店は社内組織の名称を頻繁に変更します。その昔「コミュニケーションデザイン局」とか「コミュニケーションプランニング局」なる名称が付く部署がよく立ち上がりました。当時、私はこれらに対して、広告代理店の一部署なのに、広告業の担う範囲より大きな領域を示す「コミュニケーションデザイン」なんて名前を付けていると揶揄《やゆ》したことがあります。しかし、時代は変わりました。**今こそマス×デジタルを統合したコミュニケーションデザインができることが最低限の生き残り条件です。**マーケティングコミュニケーションに関わる者は、従来型マス・アナログ知見だけとか、デジタル系しか知らないという人財では意味がありません。

当然のようにマーケティングもデジタル化します。そのため、本来のマーケティングを熟知している人にデジタル思考を注入するか、デジタルネイティブにマーケティングの本質を教えるか、いずれかを選択するしかないのです。一人の頭脳の中でデジタルとマーケティングの知識が融合されてアウトプットされなければならないのです。

デジタルがマーケティング活動に及ぼした大きな事象のひとつが、Above the LineとBelow the Lineの垣根を壊したことです。ウェブマーケティングがブランディングからトランザクションまでを一気通貫で管理できるようになり、リアルな販売チャネルでもデジタルプロモーションが当たり前になることで、ブランディングとプロモーションに一線を画すことはナンセンスになりました。

AboveとBelowというのはファネル構造をイメージして上部をAbove、下部をBelowとしたわけですが、そもそもこのファネル構造をマーケティングモデルとすること自体がほとんど破綻しています。

これに気づいた広告主は、ＤＸ化に合わせた組織編成によって、マーケティング組織をこうした事象に合わせてくるでしょう。

これからは、宣伝・販促・広報……などと部門を分けることがナンセンスになります。目指すべき方向は企業広報とブランドＰＲを分離して、ブランドごとのマーケティング活動に宣伝、販促とともに一体化することです。

当然、このようなシフトに広告代理店が対応しないわけにはいきません。その際、広告主とインターフェイスする営業がいて、その後ろには売り物別でスタッフがいる組織体制や、それらの組織ごとの職能だけで対応できるでしょうか。特に、従来メディアを買ってもらうために周辺サービス（戦略プランニング、メディアプランニングクリエイティブなど）を提供する仕組みでは、メディアバイイングがなければ商売になりません。広告主側から見れば「広告枠が買いたい」のではなく、「マーケティングの最適化支援」をしてほしいのに、広告枠を買わないと提案しないといわれているようなものです。

いずれにしても、メディア枠を売るためにできている広告代理店のサービス体系は、広告主の求めているものではなくなっています。また、これらのサービス体系はマーケティングのデジタル化によってほとんど価値のないものになってしまいました。つまり個別にプロモーション企画を作り、ＰＲ企画を作り、デジタル企画を作り、ＣＭクリエイティブを作るという代理店の売り物生産体制はまったく連動性を欠いており、それぞれの領域の流儀を押し付ける悪い意味での職人気質が肩肘を張っている品物でしかありません。

何度もいいますがマーケティングのデジタル化は組織の垣根を壊したのです。デジタルは有機的にすべての領域をつなげるからです。逆にいうと今までの領域といって区分している発想が破綻しているわけです。組織というものは、担務するドメインが従来のままだと、たとえ価値が下がっていても自己保存本能で存続しようとします。なかなか自ら打破して変化しようとはしないものです。

その意味ではＤＸの掛け声は格好の機運です。デジタル化はマーケティングのことを広告・販促のこととしか理解していなかった多くの日本企業に、まともなマーケティング体制への再編とリスキリングを促す契機になります。

そうなれば広告主企業に対応せざるを得ないことから、代理店の変身も早いと思います。ただそれは既存メディアを売るための仕組みの崩壊でもあります。

クライアントを代理する機能とメディアを代理する機能をあわせ持った日本のエージェンシーにはつらいところとなります。生き残るためには、**分社化によって従来のしがらみのない新たな精鋭部隊の編成が望まれる**でしょう。

広告ビジネスはマーケティングしにくい産業

同じものを売らない広告ビジネスは実にマーケティングしづらいものといえます。

ビジネスを「売り物」と「売り先」、そして「売り方」で決まるものとしてみましょう。売り物がテレビのＣＭ枠とほぼ決まっていた頃はマージンも一定ですし、売り先も売り方も決まってきます。「売り手主導」の環境を作り、売り手に都合の良いデータしか流通させません。「テレビＣＭ枠を取ること」「テレビＣＭのクリエイティブを作る」ところから始まるコミュニケーション設計を常道とし、広告主の宣伝部もそれに対応するようにしておきます。マスマーケティングの成功はそうした確立した流儀の上に成り立っていました。誰がいいとか悪いとかいう問題ではなく、それが効果的、効率的なやり方で、「勝ちパターン」だったわけです。

ほとんどの場合、広告主側の宣伝部に専門職は育ちません。多くの企業は宣伝部をほぼ購買部的に捉えていて、マーケティングのプロを育てる気はありません。それどころかマーケティングの重要性を認識していないといってもいいでしょう。宣伝部員も営業職などから来て、3～5年でまた他の部署に異動するのが通常の人事ローテーションです。広告代理店と多額の宣伝費をやりとりしますから、あまり長い期間担当すると癒着の懸念もあるので、仕方ない面もあります。とはいえ、広告宣伝はマーケティング活動の一部でしかなく、デジタル化で以前よりはるかに販促や広報PR部門と一体化していて、有機的な連動、連携が必要となった今、**企業経営者は「宣伝部」という部署の機能や宣伝部員のリスキリングおよび販促、広報、マーケティング（通常は事業部プロダクトマネージャー）との再編を考えなければなりません。**

これは、「宣伝部のDX」や「広報部のDX」ということを思考すると自ずと方向性が見えてきます。

広告主側の機能再編で何が変わるか？

広告ビジネスのマーケティングには、この広告主側の機能再編が関わります。要は「売り先」が「広告枠を買う部署」から**「マーケティング活動の最適化支援を求める部署」に変わる**ということです。

そうなると当然「売り物」も変わり、「売り方」も変わります。「売り物」を軸にしていたときは、「売り物」さえ強ければ比較的効率的な経営が可能でした。一定の収益を得るために必要な「労力」「時間」「スキル」がさほどではないからです。

ところが、「売り先」を固定して、そのニーズにすべて対応しようとすると、その「労力」「時間」「スキル」は非常に大きな負担になります。顧客ごとに個別かつ特別な「売り物」を設計していかないといけません。「マーケティング活動の最適化支援」とはそういうことになります。こうなるとコンサルファームが取るような高いフィーでないとビジネスは成立しません。高いスキルの人財が必要なので当然高い人件費がかかります。従来はメディアのマージンでこれを補完して余りあるものでしたが、今では必ずしもメディアの枠を買ってもらえるとは限らなくなりました。

また広告代理店にとっての競合他社は、同じ業界ばかりではなくなります。現状でも電通とアクセンチュアが競合しているように、コンサルファームがコンペティターになるでしょう。ＩＴコンサルはマーケティングコンサル領域にも領域を拡大しています。

ただ、マーケティングのデジタル化をクライアントと並走していくには、コンサル領域だけでは成立しません。プランニングとエグゼキューションまで一貫してできないと、つまりコンサルティング内容を実証してみせたり、さらなる課題を抽出したりするコンサルにはならないのです。お題目だけ唱えるコンサルは役に立ちません。

その点では、広告代理店はコンサルファームに対して優位な立場にあります。クリエイティブやマーケティング活動の実行部隊を抱えているからです。

しかし、ただ抱えているのではなく、コンサル⇓プランニング⇓エグゼキューション⇓コンサルをループさせる体制が必要です。そもそもコンサル機能は対コンサルファームで大きく劣位ですから、ここの強化は必須です。ここ何年か広告代理店から人財がコンサルファームに流出することが多かったとは思いますが、ループ体制を構築すれば人財は逆流する可能性はあります。

広告代理店が取るべき強化策

そこで広告代理店は、従来の人的作業だけに頼ってきたエグゼキューションと職人芸のプランニング（特にクリエイティブ）に新たな強化策を打たねばなりません。
ひとつは**エグゼキューションの自動化**です。現状「運用型」広告ではオペレーションに多くの労力が必要です。これを比較的人件費の安い子会社を作ってぎりぎり乗り切っていますが、このコストは上がらざるを得ません。ＡＩとまではいかなくても自動オペレーションシステムができるでしょう。おそらくは広告代理店自身ではなくサードパーティが開発するでしょうが、うまく導入できる代理店の優位は明確です。

次に**クリエイティブを含むプランニング**です。これも従来、人に頼るところがほとんどです。メディアプランニングには多少メソッドもありますが、現実的に買える媒体枠にならないケースが多いので、システムに入力して「ハイ！　出来上がり」とはいきません。また、「ストプラ」と呼ばれる戦略プランニングもそう簡単にＡＩにシフトとはいかないでしょう。さらにクリエイティブにおいてはクリエイターの能力次第、アイデア次第です。

しかし、よく考えてみると、クライアントの要請ごとに個別にクリエイティブ案を作っている現状は、無駄も多くアイデアを生み出すほう、それを選ぶほうともに、最適なアイデアをマッチングしているとはいえません。代理店のクリエイティブチームでは少数精鋭なりに多くのアイデアを創出します。しかし、そこからクライアントの要件に合ったものに修練させますから、ボツのアイデアが量産されます。これらはそのままゴミ箱行きです。けれども、クライアントＡにはボツでもクライアントＢには当たり案かもしれません。

クライアントをまたいではアイデアのマッチングが行われないのが、今の広告代理店です。もちろんクライアントＡのボツ案がそのままクライアントＢの案に最適となるのでは

■「売り物」軸から「売り先」軸へ

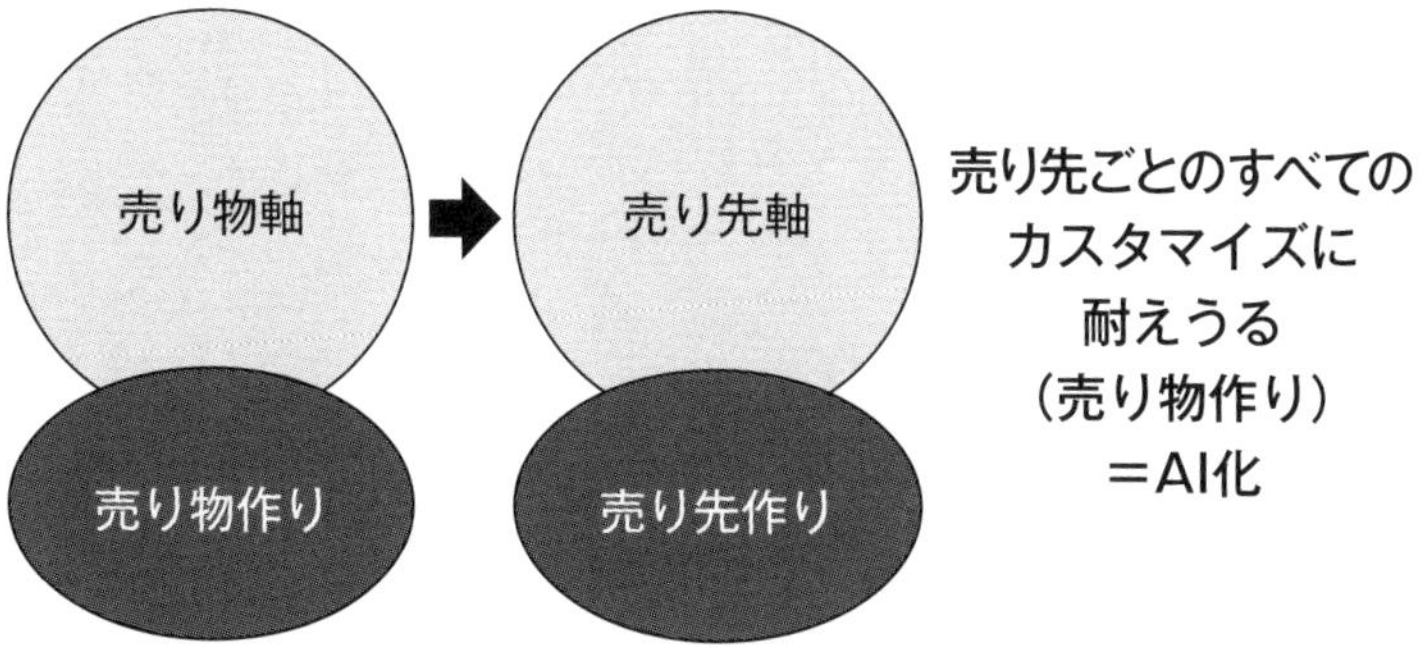

なく、コアアイデアとしてクライアントB向けにするということですが、同様にクリエイティブチーム数人の脳内で創出するだけでなく、数百人、あるいは数千人の「集合知」や「イメージ」からアイデアの元を探索する手法ができると思います。ＡＩに最後までやらせる以前にアイデアの元を探させるということです。おそらくクリエイティブアイデアのデータベースを作ってもリアルタイムのモノでないと、古いアイデアは、今は使えないでしょう。出来上がったアイデアのマッチングは最近のものに限るでしょうが、アイデアの元はそう限定されるものではないと思われます。

このようなアイデアマッチングとＡＩによる「アイデアの元」や「キービジュアル」探しはすぐにでも実行可能だと思います。

従来のクリエイティブ、プランニング、エグゼキューションではコストが見合わない「売り先」を軸にしたシフトも、ＡＩを使った「売り物」作り改革が可能であれば成立するでしょう。

広告ビジネスの進化は、「売り物」軸から「売り先」軸へのシフトに対して、**電子知能をフル活用した「売り物」作りでの対応が第一段階となる**でしょう。

広告主を育てる仕組み

広告代理店が「売り物」軸から「売り先」軸にピボットし、それをコストコンシャスに実現して、それでも利益体質を獲得するとしましょう。しかし、そこまででは、広告代理店の未来は明るくありません。こうした役割は必ず需要があるので業界としては残りますが、単体の企業としては常に大きなクライアントを奪取できるかどうかで経営が左右されます。

欧米の広告代理店がまさにそうです。『Ad Age』誌のエージェンシーランキングを見ていると、数年でこうもランキングが変わるのかと驚きます。大きなクライアントが移動すれば、取扱高は移行します。常に競合他社との奪い合いです。1業種1社制というのも欧米のエージェンシーはもともと「売り先」、つまり顧客軸のビジネスだからです。一方、日本型はメディアの代理と広告主の代理を兼ねる仕組みですから、同業の複数の広告主と契約もできれば、強い媒体さえ押さえていれば多少の扱い高の増減があっても、まったく失うことは稀です。ですから扱い高で代理店のランキングがころころ変わることはありません。

これは日本の広告業界にとって実にありがたい経営環境です。これを維持しながらも、代理店の競争優位性は変わってきます。クライアントである広告主企業が、広告代理店に求めるものが変わってくるのです。端的にいうと**「成功した実際のマーケティング知見」**です。

サイバーエージェントグループでコスメブランドを展開するシロクのNオーガニックの成功は、化粧品ブランドのクライアントをして「サイバーさんのNオーガニックのマーケティング知見がほしい」という現象を起こしました。成功事例におけるマーケティング知見を持っているのが大きな優位性になったわけです。

しかし、エージェンシーがすべて自前でこうした成功を、しかもいろいろなカテゴリーで実現することは不可能です。

「成功させた実際のマーケティング知見」を獲得する2つの方法

では、「成功させた実際のマーケティング知見」はどうやったら獲得できるでしょうか。

ひとつは、**事業会社でブランドを成功させたマーケティング人財を招聘すること**です。ブランド側のマーケターが代理店に転職することは従来あまりなかったことですが、今後は増えるかもしれません。ただ今の代理店組織の中で有力な元マーケターにうまく辣腕《らつわん》を振るってもらえる環境があるかというとはなはだ疑問です。

エージェンシーの文化の中で、成功を収めた経験のある有能なマーケターがどんな指南をクライアントにするのかあまりイメージできません。しかし、手だてのひとつであることは間違いありません。

もうひとつは、**代理店の人間が事業者に出向してマーケティング実務を経験してくることです。**特にスタートアップに対して、これを行うのです。前述のように、スタートアップ企業には大概マーケティング人財が不足しているので、こうした人財はのどから手が出るほどほしいはずです。

できれば同時に資本参加します。ヒトとカネを送り込んで、事業が成功すればキャピタルゲインと「広告主」を育てることに成功します。

その意味では、次世代の広告代理店は、**広告主を育てる「種まき部隊」と広告を含むマーケティング業務で稼ぐ「刈り取り部隊」に分かれるかもしれません。**もちろん「種まき部隊」で得た知見やスキルは「刈り取り部隊」で有効に活かせます。

■成功させた実際のマーケティング知見を獲得するために

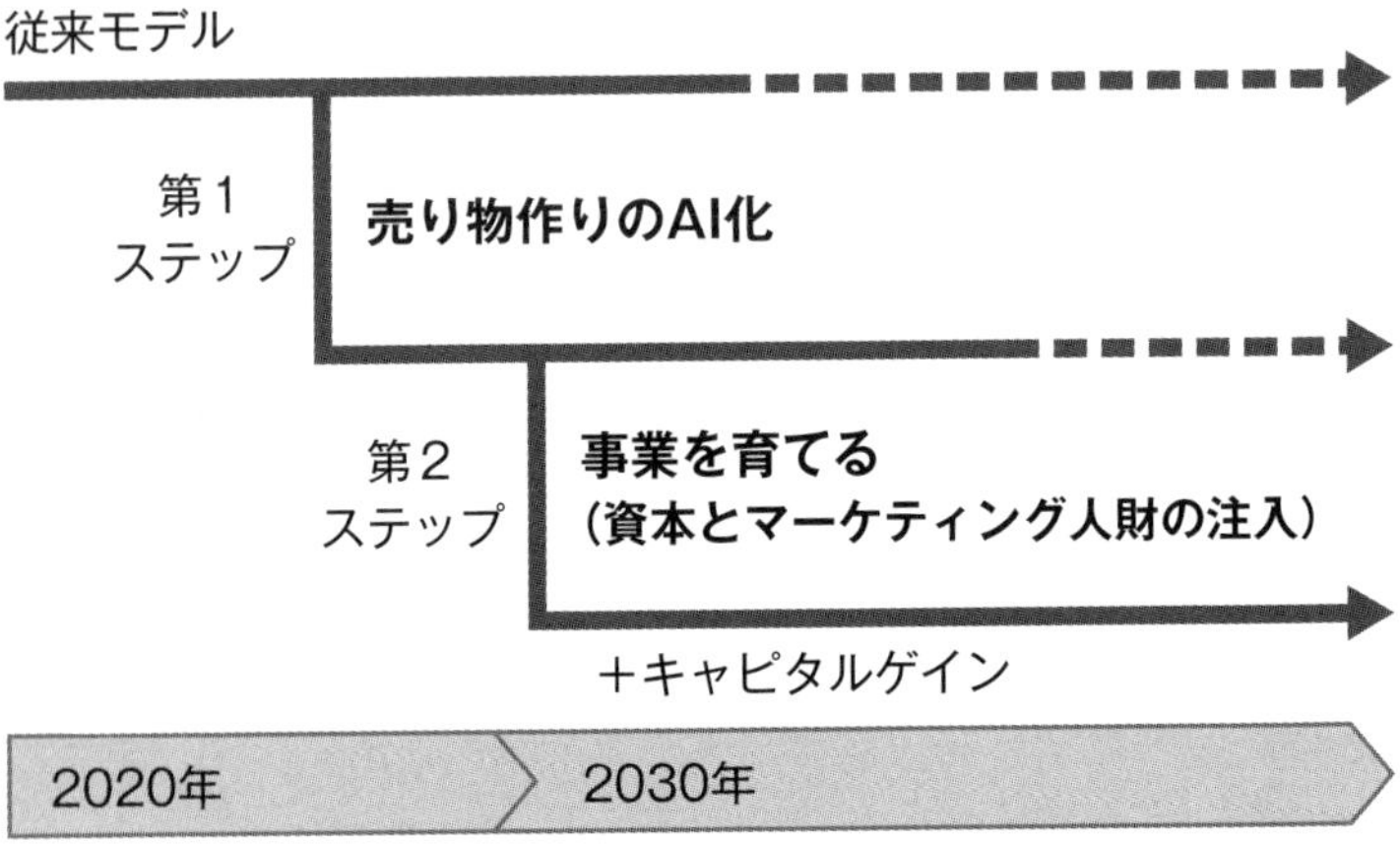

これは同業他社との契約を禁じる欧米のビジネス環境ではできません。しかし、日本の文化では可能です。それこそ共創の感覚で人財を都合し合ってお互い補完するほうが良いと考えるでしょう。それほどスキルを持った人財の枯渇はどんなビジネスでも問題となっており、特にマーケティング領域の人財は実に引く手あまた、広告代理店は広告を離れて、延長線上の「マーケティング支援ビジネス」と「マーケティング人財業」と「ベンチャーファンド」の三角形モデルになると思われます。

第9章

次世代広告人に求められる機能とスキル

「デジタル脳は当然！」それだけでは通じない時代に求められる思考とスキル

現場の若手社員はデジタルネイティブになってきていますが、毎日の業務にデジタル思考を注入するにはそれなりの訓練が必要です。また、デジタルネイティブであっても、入社してその会社の業務や文化・慣習に慣れてしまうと、アナログおじさんのそれと同じ発想に陥ってしまうことがままあります。ただ生活の中にデジタルが当たり前に存在していることが優位になることは間違いありませんので、会社の業務や施策に疑問を持ってかかることは必要です。

デジタルネイティブの強みは、いち消費者として企業より先んじてデジタル化した存在であることとです。マーケティングのデジタル化における最大の問題は、顧客が先にデジタル化しているのに、企業の顧客とインターフェイスする部門のデジタル化が遅れていることとです。本書の中で再三お話ししていますが、そのデジタル化とはデジタル施策を行っているかどうかではありません。アウトプットがデジタルなものでも、そのプロセスが旧アナログ思考ではデジタル化とはいえません。逆にアウトプットが従来のアナログ施策でも、デジタル思考でプロセス改革が起こっていれば立派なデジタル化です。

テレビＣＭのメディアプランニングにデジタル思考を注入する

では、この「デジタル思考」とは何でしょうか。

アウトプットがアナログでもデジタル思考を注入してプロセスを改革する例で説明するのが一番わかりやすいと思います。

広告ビジネスでいうと、テレビＣＭのメディアプランニング、ＣＭクリエイティブをデジタル思考することを考えてみましょう。

まずはテレビＣＭのメディアプランニングからです。テレビスポットの買い付けで**従来のＧＲＰ（延べ視聴率）をいったんインプレッション数（表示回数）に変換して考えます。**個人視聴率でも買い付けられる時代になりましたので、１人が１回ＣＭに接触することを１インプレッションとカウントします。これは、デジタル広告がやってきた広告表示回数という概念です。いってみればデジタル発想です。

そもそもＧＲＰは％を足し上げるという実におかしな数値です。率である％は母数が変わると意味を成しません。人口が減り、テレビ視聴者が減っている時代に％は到達実態を表す数値ではありません。買い付け単位ではありますが、マーケティングデータではないのです。

また、GRPは同じエリアでしか意味を持ちません。当然母数の人口が違うからです。関東500GRPと関西500GRPを足して1千GRPというわけにはいきません。しかし、これがインプレッション（imp）数であれば絶対値ですから、関東1億impと関西1億impは足して2億impです。

これに意味があるのは、広告主の販売エリアが販社単位だったりするわけで、決して放送エリア単位ではないからです。東北6県はまとめてほしいが、北関東3県は分離してテレビCMの到達量を知りたいのが広告主側の論理です。これは買い付け基準となっているビデオリサーチのデータではなかなかできませんが、テレビメーカーの結線データ（視聴ログデータ）を使うと自在にエリアを設定できます。これもインプレッション数という絶対値がなせる技です。ちなみに関東地区で全日世帯2千GRPを投下すると表示回数は約4億7千万回です。動画広告を4億回出稿するのは至難の業ですから、いかにテレビの到達力がすさまじいかが理解できます。これも同じ尺度にするから理解できるのです。

またコスト管理もパーコストよりCPM（＝表示単価）や1人当たりの到達コストで把

握したほうが良いでしょう。パーコストではわかりませんが、１人当たりのコストにすると関東地区が地方より何倍も高いのがわかります。

実に簡単なデータの変換ですが、これでも十分プロセスをデジタル思考にしたといえます。テレビＣＭの到達実態をデジタル思考に変換して再把握すると、プランニングも変わってきます。まずデジタル動画と統合したプランが組みやすくなります。テレビ×デジタルの効用を最大化する時代です。**従来のテレビの指標をデジタル化することがテレビ×デジタル融合プランニングの第一歩になるわけです。**

ＣＭクリエイティブにデジタル思考を注入する

次にＣＭクリエイティブにデジタル思考を注入する例です。

極めて職人芸であるＣＭクリエイティブの世界にどうデジタル思考を注入するかというと、まずは**ＣＭのクリエイティブパワーのデータ化**です。従来「ＣＭ好感度」というデータはありますが、好感度が高いＣＭはそのままＣＭとしてのパワーがあるのでしょうか。視聴者の目を引き、認知率も高いＣＭをどういうデータで測定すればいいのでしょうか。認知率はアンケート調査をするしかありませんが、視聴者の目を引いているかどうかを測るには筆者が**「視聴質データ」**と呼んでいる調査データが有用です。

これはREVISIOという調査会社が行っているデータで、調査世帯のテレビに、家族の構成員の誰が視聴可能範囲にいるかと、テレビ画面にしっかり注目しているか（目が画面に向いているか）を秒単位で認識するカメラが設置されています。

この手法だと、調査対象者にCMを強制的に見せて評価させるのとは違い、通常のテレビ視聴環境での自然な反応を取っているのが利点です。

たとえば、視聴者がCMに注目した総秒数をCMのクリエイティブパワーとして他のCMと相対的に評価したり、ターゲット別にCMのどのコマに注目しているかを秒間で読み取ったりすることもできます。

このようにCMをデータで評価して数値化するのが、第1段階です。

またGRPではなく、CMへの画面注目総秒数を**GAP**（グロス・アテンション・ポイント）という数値で管理できます。これは、「投下量とターゲティングなどのプランニング効果」×「CMクリエイティブパワー」として算出される数値と考えられます。

この数値を広告投下と「認知」「購入意向」「販売量」などとの相関を求めることで広告の最適化につながりますし、リアルタイムでデータは取れるので、同じクリエイティブの画面注目率が落ちてきたら素材を替えるなどの打ち手に反映できます。

第2段階としては、**自社データと他社データを分析し、積み上げることで反応の良い（画面注目率が高い）クリエイティブの要素分析**ができます。だからといってそれだけで良いクリエイティブが作れるわけではありませんが、クリエイターに対して「この方向でジャンプしてくれ（アイデアを出してくれ）」というディレクションが可能です。跳馬を跳ぶクリエイターに、「この方向に」とロイター板を置く位置を、データをもとに決めるイメージです。

アナログ施策への「デジタル思考」の注入はこんなところから始められます。

さて、こうしたことができるのは、アウトプット（施策）としてのテレビ出稿やＣＭ制作というアナログ芸を十分理解していることが前提です。

職人芸とデジタル思考、いってみれば「アート」と「サイエンス」の融合が自然にできることなのです。

マーケティングプロセスの上流に関わるために

ここまで、デジタル化の次にはエージェンシーが事業に関わり、ビジネスの成長に直接関与することでマネタイズしていくであろうことを予測しています。

収益モデルは、**「マージン」⇓「フィー」⇓「成功報酬」⇓「キャピタルゲイン」**と展開していくでしょう。

広告主がメーカーでも、いわゆるマーケティング会社化して実際の製造は委託するケースも増えます。3Dプリンターで試作もスピーディになり、市場投入までの速度も上がります。また、商品がサービスであればなおのこと、コンセプト設計やPoCなどそもそも商品開発レベルから関わらないと意味がありません。エージェンシーはクライアントのマーケティングの上流から下流の施策実施までを並走する存在であることを求められます。それはエグゼキューションまでできるからこそ、上流から一貫してパートナーであることを期待されるのです。

広告人にもマーケティング知識が求められる時代に

こうしたことを実現するために、エージェンシーの人間はクライアントに派遣されることになります。もちろんそれを嫌がっていてはビジネスになりませんが、ただ出向いて業務をクライアントに教わるのでは話になりません。マーケティングのプロとして指導する人間として派遣されないとしっかりしたフィーは取れません。

本来、「広告」はマーケティング活動の一部であり、出口です。広告人でマーケティング活動のプロセスを理解している人は少ないでしょう。クライアントでも知らない人が多いのですから、無理もありません。しかし、クライアントが知らないからこそ、**広告人がマーケティングのプロセス設計を訓練し、習得しておかないといけない**のです。そこがチャンスなのですから。

その訓練法は明快です。**クライアントの立場になって思考する習慣を付けること**です。ワークショップでクライアントのマーケティング実務をシミュレーションする思考訓練を重ねるだけです。エージェンシーの人間ですから、出口である広告やプロモーション施策の実際は経験して理解しているのは強みです。下流は実際にやってみないとわからないところがたくさんありますが、上流は比較的コンセプトワークです。実際のブランドや仮想ブランドで徹底した思考訓練を重ねるだけです。

「マーケティングプロセスデザイン」が重要

ここでは訓練対象を**「マーケティングプロセスデザイン」**と呼びます。「マーケティングプロセス」とは、「問題提起」「課題の設定」「コンセプト設計」「コアアイデア創出」など、課題達成に至るプロセスをどんな順番で組み立てるかです。それらの行うべきプロセスと順番を設定したら、各プロセスのアウトプット（プロセスの成果物）を明確にします。また、そのアウトプットを出す方法論や関わるメンバーもはっきりさせます。

実はこの作業がしっかりできているクライアントはほとんどいません。マーケティングプロセスがしっかり組み立てられていないので、エージェンシーなどの協力会社へのRFP（リクエスト・フォー・プロポーザル：提案依頼書）も要件があやふやで、何を提案してほしいかよくわからないことがあります。

こうした作業には言葉の定義が大事です。よく「問題」と「課題」を混同しているのを耳にしますが、「課題」は「問題を解決するためのイシュー」です。部門をまたいでマーケティング推進チームを編成するので、言語の共通化が必須事項でしょう。エージェンシーの人間はクライアントがどういう定義をしているかを熟知すべきです。

日頃クライアントから要件として降りてくると思っている上流のマーケティングプロセスですが、現状の仕事の中であっても、できるだけ関わる努力が必要です。「広告」という下流のエグゼキューションだけのスキルでは、将来的なエージェンシーのビジネスモデルへのスタートラインにも着けないでしょう。

いつでもクライアントのマーケティングプロセスを一から並走できるメンバーになれるよう、スキルを磨かないといけません。

右脳と左脳を行き交うことで得られる発想力

引き続き単に「デジタル」だけでは足りない、求められる能力について考えてみましょう。

283ページで「アート」と「サイエンス」と表現しましたが、これはアートをサイエンスに置き換えられ、サイエンスからアートを発想できることになります。

本来、人を右脳派、左脳派と分類してみたり、学生の頃から文系、理系と分けてしまったりしがちな日本人ですから、1人の人間に「右脳と左脳を情報交差させ、やりとりしてアウトプットせよ」と求めるのは困難だと思うかもしれません。

しかし、極一部の人にしかできないような難しいことではありません。ただし、訓練が必要です。日本の学校教育や社会に出てからの業務では、これを身に付ける機会がほとんどないからです。

右脳と左脳を情報交差させられるようになる訓練法

訓練法は意外に身近なところにあるはずです。たとえば、以前から「一子相伝《いっしそうでん》」的に代々伝わっている営業手法や販促手段があります。「足で稼ぐ」とか「経験と勘」でというように、それが当たり前とされてきたアナログ業務や施策をデータ化してみましょう。

筆者が代理店に入社したとき、社長は得意先への「訪問回数」×「滞留時間」が「売上」だといっていましたが、本当にそうか、これをデータで検証してみることです。売上に相関する要因は「訪問回数」と「滞留時間」だけでしょうか。営業担当者の販売スキルはどう数値化すればいいのでしょうか。逆にいえば、同じ訪問回数と滞留時間の営業担当者に売上の差があれば、そこがスキルの差かもしれません。

成果に相関する要因は何か、それらはどう数値化したらいいか思考することはアナログ施策とデジタル思考を融合する第一歩です。大切なことは**現場を熟知していること**です。アナログ業務やアナログ施策の実態をしっかり理解していないと、これを左脳でデータ化することはできないのです。このあたりがいきなりデータサイエンティストを登用してもうまくいかない原因です。その意味では現場を熟知している人が、どういうデータ化ができるか、どういう分析ができて、何がわかるかを習得するほうが早いだろうと思います。

筆者はよく講演でこの話をドラマ『24』のジャック・バウアーとクロエ・オブライエンを引き合いに出して話します。ジャック・バウアーは現場でテロリストと闘います。もちろん現場を熟知しています。しかし、彼は衛星からどんなデータが取得できていて、それをどう分析すれば何がわかるか（テロリストの位置とか）も熟知しています。オペレーションはクロエにやらせますが、それはジャック・バウアーが分析の指示を出すからです。

ただクロエもだんだん現場がわかってきます。シーズン後半には拳銃を持って現場にいます。データサイエンティストは現場の人間とコンビを組んでこそ育っていきます。

足元の「オペレーティングマージン」指標と未来の「EBITDA」指標

次世代広告人のスキルとして**「事業経営に関する知識とセンス」を磨くこと**は必須です。既に本書の読者の皆さんの中には、既にマーケティングと称する事業領域を包括して、限りなく「経営者の立場」に近い方もいるかと思います。単なる部署や役職が「経営」と名が付く方への専門知識ではなく、マーケティング事業に関与する、本書を手に取っていただいた読者の皆さん全員への打診であり（再）確認とします。

筆者が考える「経営者の立場」とは、「事業家」や「投資家」、「創業者」の方はもとより、さらに事業の「ステークホルダー」として、「自社やクライアントや社員、パートナー、社会の未来」のために事業参画している企業人（＝皆さん）は「経営者の立場」と設定しています。さらに業種や職能として、「デザイナー」「プランナー」「プログラマー」「アナリスト」「アカウンタント」「ストラテジスト」などの別称があったとしても、皆さんが目指す究極は事業運営への貢献であり、いずれの立場でも事業責任を担っている「経営者」

と考えています。

このような経営者の目線からは、「マーケティングデータ」として取り扱う領域は非常に広く、単なるリーチ＆フリークエンシーやサブスクID数、コンバージョンや離脱率、売上などのP／L上のデータだけでなく、B／S上での資産効率やROIをも越えて、社会に対する良き貢献（度）などを踏まえてマーケティングデータの捉え方を「経営目線」で判断されているはずです。自社（自分）の成果評価や資産目標が、単なるP／L上での「マージン」や「フィー」のモデルから、⇓B／S上での「成功報酬」や「キャピタルゲイン」へと意識が動いています。これは経営側だけの目線ではなく、マーケティング従事者（皆さん）全体で感じられることかと思います。

日々の業務でデータの可視化や分析、効率化ばかりに追われていては、「小さいデータ」や「軽いデータ側」の対処だけに追われているかもしれず、その対処効率を見つけてそれらを「スキル」と小さく考えているかもしれません。**実はその目先の対処の先に、自社（自分）の足元には「包括的なデータ」や「経営データ」、そして社会に及ぼす「重いデータ側」が存在していて、これらの波に乗る自社（自分）を作り上げることが大きな価値を生みます。**ここからは、そのような経営軸で見るための**「マーケティング（経営）」データ**について取り上げます。

経営上のデータをどこまで磨き使いこなしているか？

アクセンチュアやＰｗＣに代表されるコンサルティング企業の事業領域が拡大しているのは、ここまで本書の中で解説してきた通りです。これらコンサル企業が事業領域や成績を伸ばしているのは、**「事業経営を行うクライアント」に向き合う（伴走する）経営姿勢**が作用しています。

事業経営には、企画・製造から営業・運営、さらに人事や納税に至るまで多彩かつ複合的に関与する要素（データ）を理解し、最適解を突き進む必要があります。以降ではその多彩な経営素養の中から、「財務情報（お金の情報、会計の状況）」について取り出し、さらにその中から「オペレーティングマージン」と「ＥＢＩＴＤＡ」を重要なサンプル指標として取り上げてみます。

経営のプロを長年務めている人にとっては、「何を今さら」「それだけか」と思うかもしれません。けれども、マーケティングを専門領域とする事業の方たちが、こうした基本的な用語についての理解が追い着いていない場面を見受けるので、ここで意識向上へのきっかけのひとつとして取り上げてみます。

対象となるのは広告代理店勤務や、アドテクやサービスプロバイダー事業、EC事業者やD2C事業、そしてブランド企業を含む、特に企業人歴が10年目頃までの企業に所属する社員の方たちです。

「売上総利益」と「売上」の違いを区分して経営しているか？

たとえば日本の広告代理店勤務の方を例として考えてみます。あなたは電通や博報堂などの大手企業に勤務していたり、アドテク企業や地方都市部などの特化型のエージェンシー、あるいはブランドのコンサルの立場にあったりするとします。

このとき、あなたは「売上総利益」と「売上」を区別して経営を語っているでしょうか。これらは似て非なる項目であり、この両方の語句をひっくるめて「売上」と称して単純に2文字で理解（誤認）している場面（「売上が伸びた」「売上が落ちた」など）が多々あります。

そうではなく、旧来の「売上（≒グロス）」という語は使わず、**「売上総利益（≒ネット）」の意味合いを理解した上で、経営指標の起点にしていく**必要があります。

既に広告代理業務に代表される「仲介業」は、日本でも「売上」が財務指標として使われていない（消えた）事実を次節からは紹介しながら、これに連動して後述で「売上総利益（※）」が経営判断の基準として算出される「オペレーティングマージン」のデータ感覚を紹介します。また、これらの「売上総利益」の概念を理解した上で、次に「ＥＢＩＴＤＡ」の考え方に広げて紹介します。

売上総利益やオペレーティングマージンは、経営における「過去」「経緯」を理解するための基本となるものです。その対比として「ＥＢＩＴＤＡ」を、事業の未来側に目を向けてみる指標のひとつとして取り上げます。

これらの「言語」「意味合い」「使う理由」を理解せぬままに事業経営に取り組んでいるとすれば、スポーツで「スコアボードが読めない」「勝敗がわからない」まま選手や監督をしていることと変わりありません。次節からの内容の理解をきっかけとして、目の前にあるボールのシュートを決める確率や日々の得点のデータといった足元のことだけでなく、年間のリーグ優勝やワールドカップ出場への道を考えるかのように、より大きな視点から経営センスをアップさせることができるかと思います。

※「収益」と略称される場合がありますが売上とは別物で、本章での「売上総利益」と同じ概念とします。

「売上」の表記がよろしくないと気づいて既に10年

昭和の時代や平成バブル期には、「売上（≒グロス）」至上主義のような概念があり、「売上」高を企業同士が競っていた時代が存在していました。また、その影響で脈々と「売上」という単語を無意識に使ってしまう慣行がありました。

ところが、その旧概念（経営判断の基軸を「売上」とすること）は、仲介業種としては会計的に好ましくない（誤った印象を与える）とされています。２０１２年頃から欧米での議論が発端となり（国際会計基準「ＩＦＲＳ」に自主的に準じ）、その後日本でも「売上」を使わない基準＝売上総利益（≒ネット）の基準へと自主的に転じる企業や業界が増えました。

実際、かつては売上を誇っていた電通や博報堂、さらに仲介業の代表である三菱商事や三井物産を筆頭とする日本の商社企業も、「売上」を基準から消した財務経営（ＩＦＲＳ基準）を行い、公開しています。

■電通グループの決算説明の最上位は「売上」という表記ではなく「売上総利益」「オペレーティングマージン」が重要指標のひとつ

	2022年 1-12月 Jan-Dec	前年同期比 YoY
売上総利益（十億円） Net revenue（JPY bn）	1,117.0	+14.4%
調整後営業利益（十億円） Underlying operating profit（JPY bn）	203.1	+13.5%
オペレーティング・マージン Operating margin	18.2%※	(10) bp
調整後当期利益（十億円） Underlying net profit（JPY bn）	130.0	+19.1%
基本的1株当たり調整後当期利益（円） Underlying basic EPS（JPY）	485円	+23.9%
営業利益（十億円） Statutory operating profit（JPY bn）	117.6	(51.4) %
当期利益（十億円） Statutory net profit（JPY bn）	59.8	(44.8) %
基本的1株当たり当期利益（円） Statutory basic EPS（JPY）	223円	(42.6) %

※ロシア除外ベース+18.4%
注　調整後当期利益・基本的1株当たり調整後当期利益·当期利益は、すべて親会社所有者帰属分
出典：電通グループ「2022年度決算説明会資料」をもとに作成
URL：https://ssl4.eir-parts.net/doc/4324/ir_material_for_fiscal_ym10/131240/00.pdf

■ようやく2022年でデジタルホールディングス（オプトのホールディングス）が説明する「売上ではなく収益（売上総利益）」

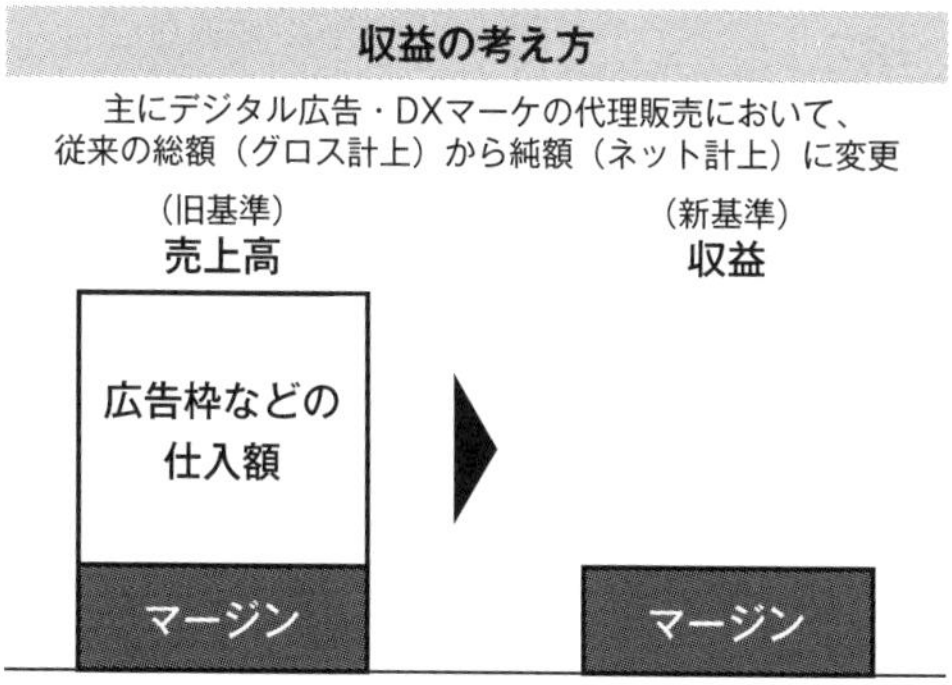

出典：株式会社デジタルホールディングス「2022年通期決算説明会資料」をもとに作成
URL：https://www.digital-holdings.co.jp/files/topics/5461.pdf

三菱商事を例にすれば、２０１４年3月期に過去の日本の基準における売上（高）だったならば21・9兆円を計上できていた数字が、売上総利益を自主的に基準としたことで、その額が7・6兆円と大幅に減少しました。この頃が日本での売上重視ではないという「気づき」の起点になっています。

電通も、その翌年の15年3月期に、旧来の売上ならば2・4兆円の計上に対して、売上総利益に自主変更し、7千億円で報告しています。前ページの上図は電通グループの２０２２年通期の決算報告のトップページです。「売上」という単語は存在せず、「売上総利益」が一番上にあることが見てとれます（参考：「売上」は毎年補足の欄に、参考として1行記載されている程度です）。「オペレーティング・マージン」は3番目に登場する重要な指標です。下段はデジタルホールディングスの２０２２年の決算発表で、ようやく売上総利益の概念を採用し始め、株主に変更を説明している様子です。

クライアントからの預かり金を自社の「売上」として手柄計上しない

では、売上と売上総利益の違いは何でしょうか。国際会計基準での詳細は専門書に譲りますが、ここでは**「他人の預かり金（売上）」は下駄履きの上乗せであり、等身大での「自**

分の貢献（売上総利益）」を価値基準にしようとする姿勢の違いだと理解してください。

話をわかりやすくするために、「子どもがお母さんのお使いで１００円を渡され、１００円のリンゴを買ってお母さんに渡したら、お母さんから15円のお駄賃をもらった」という設定で売上総利益を考えてみます。

この子どもが企業ならば、子どものお駄賃（15円）こそが子どもの事業から生まれた金銭です。次ページの図の簡略計算を参考にして整理してみます。

過去の広告会社の「売上」と称していた計上は、この例ならば「１１５円」を誇って（競って）いました。１００円のリンゴの代金は、お母さんのもので、その１００円がリンゴに両替されただけで、両替されたリンゴはお母さんに帰属したままです。つまり旧来の広告会社が競っていた「扱い高」＝１１５円とは、広告会社（＝子ども）の貢献とはあまり関係のない他人のお金を「盛った」数字として、「売上（扱い高）」は経営報告書からは除外する……これが15年ほど前からの会計の考え方です。

これまでの広告会社は、この「盛った数字」を分母にして、手柄の基点の15円を分子にして「メディアコミッション率（次ページの図の場合13・04％）」と称していました。この日々の取引でのメディアコミッション率は、経営指標とする「オペレーティングマージン（営業利益率）」とはまったくの別物です。

■過去の「売上」数値とは、「他人の下駄」を履いた高く乗せた数値

・旧来のメディアコミッション率 ＝ $\frac{\text{分子}}{\text{分母}}$

$$\frac{\text{自分の手柄（お駄賃＝コミッション＝15円）を分子とする}}{\text{売上（≒グロス）115円を分母とする}}$$

（＝お母さんの預かり金とお駄賃合算＝115円）

コミッション率として ＝ 15円/115円 ＝ 13.04%

……………………………………………………………………………

・オペレーティングマージン（IFRS基準＝既に日本の基準）率

$$\frac{\text{自分が使ったコストを引いた営業利益②10円（例：リンゴ屋をサーチする費用＝この例では5円）}}{\text{売上総利益①：自分の手柄15円（お駄賃＝コミッション）を分母＝起点とする}}$$

似て非なるオペレーティングマージン（率）として

＝ 10円/15円 ＝ 66.6%利益

（実際の現場では、家賃・社員人件費、光熱費などを引いた数値を分子として計上）

一方で本章で指摘したい経営目線での指標のひとつである「オペレーティングマージン（営業利益率）」とは、子どもの貢献度（盛っていない利益）のお駄賃の15円に相当する考えが国際的な判断です（１１５円ではない）。この15円を「売上総利益①」として分母基点とします。

このお駄賃分母が子どもの成績評価の起点（モチベーション）となって、「今月は30円もらえるか、45円に膨らむか」と子どもは財務成績としての評価を増やす（分母を増やす）関心が膨らみます。

次に割り算で分母分子の比率を算出して「成績度合い」を示すための「分子」は子どものお駄賃の15円①から、経費を引いた残り利益（例：リンゴ屋の場所サーチに5円コストを支払ったら10円残った）が「営業利益②」（分子）です。

この概念は、「サービス業（や仲介業種）」全体の広域な業種での理解です。広告会社だけでなく、商社や百貨店、オンラインの「ECプラットフォーム事業」にも通じます。たとえばＥＣでは、「売上」の概念に相当する単語が「流通取引総額（ＧＭＶ（Gross Merchandise Volume））」として参考数字として区別され、決算報告書の中の主役として存在していないのは、既に皆さんも肌感覚として気づかれるところでしょう。

「オペレーティングマージン」は企業経営の指標

代理店勤務の方たちに「自社の〝オペレーティングマージン〟」の数字（%）を聞いた場合、十中八九「メディア扱いのコミッション（のマージン率）」を答えます。「メディア・マージン（率）」の概念があまりにも長く広く、広告代理店や仲介業にはびこって残っているからこその回答です。%数字としては似ている数字ですが、オペレーティングマージン（経営上の営業利益率）は、メディア・マージン（1回の取引の粗利率）とはまったく異なるものです。

297ページの図の「電通グループの2022年通期の決算報告」の3番目に登場する「オペレーティング・マージン」とは、売上総利益（≒ネット）の利益を起点に（テーブルの上に積み上げて）、人件費やオフィス費などの日々のコストを取り除いて（テーブルの上から差っ引いて）、どれだけ多く残せるか（残ったテーブルの上を山分けできるか、それとも薄利で残っていないか）を見る経営の第一指標ともいえます。

「オペレーティングマージン（営業利益率）」の感覚値を磨く

本節でお伝えしたいのは、前出で紹介したオペレーティングマージンや後述するＥＢＩＴＤＡなどの「算出公式」の違いや暗記の向こう側です。これらの経営データを、さながら車の運転におけるスピードメータを見るような「感覚値」として捉えてください。「この路地裏なら、これくらいのスピード」「このスピードで運転すれば、東京には5時に到着する」という自分なりの「感覚値」が運転を左右します。同様に、経営に対するアンテナや関心が上がれば、自然にこれらのデータ概念や区分を理解し、感覚値が身に付きます。

そのオペレーティングマージン（以下ＯＭ率）の「相場」（合格点）を把握するために、次ページに世界の五大広告ホールディングスに博報堂ＤＹＨを加えて並べてみました。感覚値として合格点としての「15％」という数字が見られます。これが過去の「コミッション率」と似ているために、さらに勘違いを起こしやすいのかもしれません。

■世界の各広告ホールディングスのOM率

外出自粛前の2018年と経済が復活した2021年で比較

	2018年	2021年
WPP	15.3%	14.4%
Omnicom	14.0%	15.4%
IPG	12.6%	17.9%
Publicis	17.0%	17.5%
電通グループ	16.4%	18.3%
博報堂DYH	21.0%	16.4%

※博報堂DYHは会計年度が３月締のため、2018年と2021年共に12月末の第3四半期までの累計を比較対象とした

欧米広告会社のＯＭ率と相場感覚の実例

広告会社事業のＯＭ率には、おおむね次の相場があるようです。これは広告業に限らず、仲介業とされるサービス業全般でもベンチマークとなりうる便利な数字です。

・赤信号：10％未満（経営の未来課題多し）
・黄信号：10〜15％（さらなる向上を求む）
・合格点：15％以上（20％以上は至難の業）

ＯＭ率の感覚値の参考として、売上総利益が１兆円規模の電通グループやＷＰＰでのＯＭ率を１％引き上げる労力（価値）を考えてみましょう。

１兆円の１％とは、約１００億円規模の営業利益

を新たに作り出す必要があります。営業利益を100億円増やすには、旧来の売上高にまで戻り換算してみると、5千億円規模の新規取引を取らなければなりません（同じ社員数のままで増やす作業）。これは一筋縄ではいかない作業です。

こうした「OM率の重み」や「感覚」を持つことが広告主やマーケティング事業、クライアント事業と向き合う第一歩でしょう。

ＥＢＩＴＤＡという「経営未来の北斗星」の指標

前述の売上総利益の正しい理解や、その数値をもとにしたＯＭ率の算出は、経営の結果（過去）側を、いわば問診確認する数字のひとつでした。

次は経営の未来指標としての**ＥＢＩＴＤＡの視点**について見ていきます。この視点は、たとえば電通グループや博報堂ＤＹＨ、三菱商事、三井物産、さらにはアマゾンや楽天などの「歴史ある安定事業・グループ」の決算報告書としてＥＢＩＴＤＡを振りかざすのは当てはめにくい非公式のツールです。ところが大企業での価値基準ばかりでは見落としてしまうかもしれない指標として押さえておく必要があります。

上記のような大企業でも、その傘下にあるスタートしたばかりの新規事業や、買収対象になるようなジャンプスタートを目指す事業（右肩上がりで未来を作る事業）には必須の目線（指標）です。スタートアップ企業のような「これから未来を作るぞ」という事業について「北斗星」となりえる指標です。

読者の皆さんは決して「安定的な地位を守る」「チャリンチャリンとキャッシュ・フローが入る事業に甘んじる」ことが目的ではないはずです。今・これから、次の未来を作ったり仕掛けたりする側の事業主と期待しつつ、その場合の経営での共通言語としてEBITDAなどの指標は「自分語」にしていく考えです。

経営や財務の指標は100程あり、それらを複合的に捉えるほんのひとつの指標ですが、未来に関する投資という意味で必ず使われる指標のひとつとして慣れ親しんでおいてください。

EBITDAの略語の暗記よりもその意味合いを考える

EBITDAは、Earnings Before Interest, Taxes, Depreciation and Amortizationの略語です。このお経のように長い略称の鍵は、最後の「DA（※）」の部分が「会計報告上の純利益よりも大きい数字が真っ当に見せられる」技を含んでいます。赤字の純利益がEBITD

※Depreciationは有形固定資産の償却、Amortizationは無形資産（のれん／Goodwill、ソフトウェア／Softwareとか）の償却を意味します。

記なら黒字に見える場合も大いにあります。

このお経のようなＥＢＩＴＤＡの翻訳は、「金利と税を支払う前の利益で、さらに有形・無形の固定資産の償却費も計上する手前の利益」という意味です。Ｍ＆Ａの取引では非常に多用される数値のひとつなので、アンテナを上げておきましょう。

ＥＢＩＴＤＡは会計報告上でコストをすべて引いた後の「純利益」よりも、もう少し経営者目線で成長が見える（よく見える）ＫＰＩデータです。事業の純粋な「成長」を見抜く経営上でのマーケティングデータともいえます。

決して会計の改ざんではなく、どのハンドルとツマミを操作して「投資による効果」「成長している姿」をどのように見せるのか（うまく見せたい）という姿勢作りのほんのひとつの選択肢です。

実は、マーケティングの目指すところとは、商品販売やそのサービスの効率化や顧客との関係作りのプロセスだけでなく、その向こうに目指す北斗星として、**「会社」そのものを売る（事業価値を高める）**という工夫や動作が、基本であり未来を作る一歩だと筆者は考えています。

ＥＢＩＴＤＡの鍵であるＤＡ部分の「減価償却」の理解のために、次の例で考えてみましょう。今度は前述の「リンゴ」のお使いよりも少し高度な「Ａ社」買いを行う「Ｓ企業」

の財務物語としました。

会社買収時に支払う「のれん」が未来の「肥やし」であり「覚悟」

たとえば、市場価値100億円（年間8億円の最終利益）と評価されるA社を買って自社を成長させようとする私＝S企業があるとします。

S企業は買収交渉中の市場価値が100億円とされるA社に対して、売却を成立させるためにさらに50億円を上乗せして150億円でのオファーを提案したとします。その結果、A社はS企業の買収に応じて取引が成立したとしましょう。A社は、100億円ではS企業には売却しないつもりでしたが、この50億円の上積み（プレミアム）によって無事に売却が成立しました。

・A社の市場価値：100億円（年間8億円利益を作る）
・S企業のA社買収額：150億円（S企業が余分に払ったプレミアム：50億円）

S企業は、A社の市場価値よりも余分に50億円プレミアムを積んで、今年150億円のキャッシュを支払って買収しました。この50億円分の上乗せは余分な、いわば贅沢コストです。S企業が買収したい前のめりの姿勢が、身銭を切らせたプレミアムとでも表現しましょう。

経営成長時の事業買収における償却コストは重いと感じるか？

ところが、この余分な（前のめりの）50億円のコスト計上を会計ルールの配慮では「今年一括の計上ではなく、向こう5年（仮）で分割して計上しても良いよ」という、仮ルールが適応されます。これこそが償却の概念です。

資産を獲得して、後に分割して価値を償却する概念を理解することが、経営&マーケティングの大きな柱になります。特に若いスタートアップ事業では、先に成長を遂げて後で返済するようなレバレッジ機能を果たします。

S企業にとって、50億円一括計上ではなく、向こう5年間の分割で10億円ずつのコストとして会計に計上できます。この会計ルールにのっとった分割計上はS企業にとってお得なのでしょうか。A社の貢献利益が年8億円プラスされても、毎年「10億円ずつのしかかる償却コスト」は、それはそれでS企業には非常に重いはずです。

会計上では貯金箱からキャッシュは1円も払っていない（出ていっていない）にもかかわらず、最終利益の帳簿上では毎年10億円のコストが毎年つきまとうのが公式な会計発表方法です（「節税になる」という考えはここでは無視することにします）。

なお、起業して間もないスタートアップ企業（事業）ならば、事業拡大にアクセルを踏むための調達した資金（借入金）が重くなりがちの時期があります。その初期の借り入れの「利息」の支払いも、会社の（会計）利益を目減りさせる重しになります。ＥＢＩＴＤＡは「Ｉ（Interest：利息）」と「Ｔ（Tax：税金）」の部分（すら）も考慮しない、（おいしい）利益部分の成長を見せる指標なのです。

ＥＢＩＴＤＡは会社の「座標を示す」

この会計帳簿上の「重い」部分を取り除いたＥＢＩＴＤＡを使って企業状況を説明することを、「見ている北斗星を、雲や霞《かすみ》を除いてくっきり紹介できる」とたとえてみましょう。財務上でのクリエイティブな発想とか、財務上のマーケティング思考ともいわれる概念です。前出のＳ４キャピタルは、この指標を多用して成長を見せています。

「ＥＢＩＴＤＡの概念の暗記や計算方法」とか「ＥＢＩＴＤＡを使うためのテクニック」

よりも、本章では「会社を売る（買う）」という北斗星を見続けるか、という読者の目的地を自問していただくきっかけとして紹介しました。

読者皆さん自身のスキルアップや知識の増大という手順の目的を、たとえば「よし、自社の価値を最大にして売るぞ」「会社機能を買うぞ」という事業目線で、一段飛びに登りつめる＝事業拡大として高い北斗星を見ているならば、「ＥＢＩＴＤＡ」などの装備は必要だぞ、としてぜひ「自分教科書」をアップグレードしてください。

「会社」の意味合い

さらに、この概念や事例はＭ＆Ａだけに閉じた話題ではありません。社内で身近に起こっているはずの新規事業を立ち上げるというスタートすらが、小さな苗を買う・育てるという意味でＭ＆Ａと同軸です。

育てる、価値を上げるのは、日々の販売利益だけでなく、会社という商品の価値を引き上げて、買ってもらえる程の価値を作る意味合い（気合）です。これらを含めて苗を「会社」と称し、それを「売ろうよ（買おうよ）」、そのためには「大きく成長させようよ」という表現で説明しています。

「会社を売る」とは決してM&A屋になれというわけではありません。むしろずっと身近な概念なのに、ともすると「モノ作り」「コト作り」「物販」「利益（P／L）」に引っ張られて、「会社売り」（資本政策、B／S）を避けていないかと、投げかける例としました。コーポレートベンチャーキャピタル（CVC）も花盛りの今（特に2023年は前年比で活発化が予想されます）、資本政策上で事業経営の用語での「エグジット（出口）」と称するステップ（北斗星）が、売るの意味合いとして理解しやすいかもしれません。

これは、読者の現在の事業や新規起案事業に存在するかどうかの問いです。たとえば、「上場（IPO）を果たす」「M&Aの買収を受け入れる」「増資時の出資を受け入れる」なども「売る」ステップの種類のひとつです。他にも方法や解釈は広がります。たとえば、「（事業）ブランディング」と形容されるプロセスすらも、北斗星の座標がわかれば作用する施策のひとつと考えられ、単なる販売額の増加や利益額の増加がブランディングの役目ではありません。

（上場などの）エグジットも通過点のひとつであり、「手段」のほんのひとつです。ここが目標や北斗星ではありません。この通過点を取り上げるのは、「その通過点（手法）で得た資金をさらに『再投資』に回すぞ」という未来の「新開拓」を目指しているかの姿勢が、リトマス紙のごとく見えてきます。

見ている先の北斗星は日本に閉じるのか、地球のどこでも見えるのか？

実は、「見ている市場」が日本に閉じるか、グローバルを目指すか、などの目的地の違いでも、使うツールが変わってきます。ＥＢＩＴＤＡは世界共通で対象の比較が可能になる（各国の法定償却や税務に影響されない）指標として存在します。

客観的に多国籍にまたがって純粋な成長エネルギーを見る指標として、単なる国際的な（税務）会計基準よりも、ＥＢＩＴＤＡ指標が有益とすら考えている経営層も多く存在します。前述の「売上ではなく売上総利益」の概念もＩＦＲＳの国際的な基準の紹介でした。

企業経営者同士では、使う言語（財務の目線）によって、その企業（人）がどこを目指しているのか（北斗星を目指しての船出なのか、それとも近所のハイキング程度なのか）を一瞬にして見分けます。「売上と称さず売上総利益でＩＦＲＳに準ずる」「ＥＢＩＴＤＡを使って説明する」「会計基準の最終利益を使い分ける」など、経営コックピットに並ぶ計器を見逃さず感覚値を日々意識して積み上げる。広告業界という「業界」に閉じず、旧来のマーケティングからも開放された「自分が経営する目線で」開いていく。そんな意図で本章を終えたいと思います。

おわりに

『広告ビジネス次の10年』を書いたのが２０１４年。「そろそろ10年経ちますが続編を書きませんか」と翔泳社さんからお声がけをいただきました。「未来予測もしているので、正解だったこと、間違っていたことなどを整理して……」という話でしたが、コロナという予期せぬ変数もあって、変化が加速したこと、逆に滞ってしまったことなどがあり、自分でも採点するのが難しいところではありました。ただデジタル化が広告業界に大きな波として押し寄せたことは、既にマス４媒体合計をネット広告費が上回るという現実や、業界３社が電博ＡＤＫから電博ＣＡになったこと、ＤＸが主戦場になって電通がアクセンチュアと競合していることなどで証明されました。この辺は予測の範囲でありました。

一方外したことといえば、「手売り」をする営業担当者が減少するということでしたが、実は背後にオペレーションする人員が大幅に増えたことがあり、実質デジタルビジネスには直接オペレーション作業のフロントにまだ生き残っている大手代理店営業担当者がいるという状況なのでしょう。デジタル広告は多くの比較的人件費の安いオペレーターたちの頑張りに支えられているのです。本来は欧米のようにもっと直接広告主が自分でオペレーションしていくトレンドを予測もしていましたが、日本の広告主の情けないところですが、なんだかんだで代理店に頼ってしまい、スキルやノウハウを自社に取り込めないのが実情です。インハウス化は思ったより進んではいません。

さて、視野に入れなければならないのは、広告ビジネス周辺だけではありません。広告ビジネスはマーケティング支援産業のひとつですが、支援の枠を超えて新興企業のインキュベータとして、マーケティングやコミュニケーション開発能力を活かして次の広告主としてこれを育てたり、資本を注入して将来資産に組み込むことを期待したりするところまでいくことは明確です。ですから売り物としての広告メディアの動向や、DXコンサル能力などをどうこういっている場合ではないのです。「事業に入り込む」これがテーマです。したがって、「どんな事業と並走するのか」「どんな事業となら広告代理店のコアスキルを価値あるものとして活用できるのか」が経営課題になります。そのためにもビジネスに関わる環境変化は広範囲になります。

本書では広告ビジネスの「経営環境」に大きな影響を与えるであろう事象を取り上げてみました。

ウェブ3といわれる新たなデジタル世界へのうねり、メタバースやNFT、そして生成系AIを含めてデータに関わる大きな環境変化は、ほとんどすべての産業に関わるでしょう。しかし、それは新たなビジネスが芽吹くチャンスでもあります。新興ビジネスとともに歩むことが、マーケティングやコミュニケーション開発能力をマネタイズしなければならない広告会社にとって大きな機会となります。ですからスタートアップが萌芽する環境すべてに対して情報量と目利き力を蓄えないといけないのです。

本来の仕事であるマーケティングコミュニケーションも大きく変わり、「業界」と呼ばれる業界がなくなる、と題した本の帯の意味がご理解いただけたでしょう。

ＢＩＣＰニューヨークオフィスの榮枝洋文くんにも奮闘してもらい、欧米での最新の目線を提供してもらいました。本書のような内容を執筆できる数少ない人物です。

翔泳社さんには出版のお声がけをいただき、特に編集の長谷川和俊さんとチームの皆さんには長丁場を丁寧に仕上げていただき感謝しています。この場を借りてお礼申し上げます。

２０２３年４月　横山隆治

著者プロフィール

横山　隆治（よこやま・りゅうじ）

横山隆治事務所（シックス・サイト）代表
株式会社ベストインクラスプロデューサーズ 取締役
CCCマーケティング株式会社 エグゼクティブアドバイザー
1982年青山学院大学文学部英米文学科卒。同年株式会社旭通信社（現ADK）入社。1996年インターネット広告のメディアレップ、デジタルアドバタイジングコンソーシアム株式会社を起案設立。同社代表取締役副社長に就任。2001年同社を上場。インターネットの黎明期からネット広告の普及、理論化、体系化に取り組む。2008年株式会社ADKインタラクティブを設立。同社代表取締役社長に就任。2010年9月デジタルコンサルティングパートナーズを主宰。企業のマーケティングメディアをPOEに再整理するトリプルメディアの考え方を日本に紹介。2011年7月株式会社デジタルインテリジェンス代表取締役に就任。2022年7月よりトレンダーズ株式会社社外取締役。
主な著書に『トリプルメディアマーケティング』（インプレス）、『CMを科学する』（宣伝会議）、共著に『広告ビジネス次の10年』（翔泳社）、『顧客起点のマーケティングDX』（宣伝会議）などがある。

榮枝　洋文（さかえだ・ひろふみ）

株式会社ベストインクラスプロデューサーズ（BICP）／ニューヨークオフィス代表
海外現地法人のマネジメント歴18年（中国・広州／香港、北米・ロサンゼルス／ニューヨーク）。アサツーディ・ケイ現地法人ADK America（WPP Group）のCFO兼副社長の後、株式会社デジタルインテリジェンス取締役を経て現職。日本広告業協会（JAAA）会報誌コラムニスト。広告・マーケティングのグローバル戦略分野での北米グローバル・エージェンシーや独立系デジタル・エージェンシーとのシンジケート連携から、ビジネス・コンサルティングを行う。日本企業のアメリカ進出における支援ビジネスを展開中。ニューヨーク現地邦人コミュニティへの貢献活動としてNPO法人JaNet理事長などを務める。ニューヨークの最新動向を解説する『MAD MAN Report』を発刊。コロンビア大学経営大学院（MBA）修了。
共著に『広告ビジネス次の10年』（翔泳社）がある。

カバーデザイン　山之口 正和（OKIKATA）
DTP　一企画

2030年の広告ビジネス

デジタル化の次に来るビジネスモデルの大転換

2023年 4月19日　初版第1刷発行

著者　横山《よこやま》 隆治《りゅうじ》、榮枝《さかえだ》 洋文《ひろふみ》
発行人　佐々木 幹夫
発行所　株式会社 翔泳社（https://www.shoeisha.co.jp）
印刷・製本　株式会社 ワコープラネット

本書へのお問い合わせについては、2ページに記載の内容をお読みください。

落丁・乱丁はお取り替え致します。03-5362-3705までご連絡ください。

ISBN978-4-7981-7872-1　Printed in Japan